诚信为本　操守为重

坚持准则　不做假账

——与学习会计的同学共勉

"十二五"职业教育国家规划教材修订版

高等职业教育财经类专业群财会类 **新专业教学标准** 配套教材

会计信息化上机实验

（第三版）

（用友 T3 版）

◆主　编　孙莲香

◆副主编　黎　军

高等教育出版社·北京

内容提要

本书是"十二五"职业教育国家规划教材修订版,也是高等职业教育财经类专业群财会类新专业教学标准配套教材,是与《会计信息化应用教程》(第三版)配套使用的辅助用书。

本书以用友畅捷通T3—企业管理信息化软件行业专版为蓝本。全书共分为25个单项实验和4个综合实验。每个上机实验后都设计了与该实验有关的拓展任务,从而让学习者有更多的思考和训练的空间,有效地激发学生学习的主动性和积极性,不断地提升学生的自信心。每一个综合实验都是分阶段对所学内容的综合训练,可以全面考核学习者对前面一系列相关内容的掌握程度。为了检验学习者的学习情况,针对主要功能模块都设计了两个月的上机实验,使学习者充分了解和掌握各功能模块的功能和企业实际应用的状况。

为了满足学习者分别针对不同内容进行训练的需要,我们对教材中的单项上机实验都备份了实验前准备账套,对所有单项上机实验和综合实验都备份了实验后结果的账套数据,使学习者可以任意选取所要完成的教学任务,避免因为数据准备不充分而不能随机选取学习内容的情况出现。

本书适合高等职业院校、高等专科学校、成人高校会计及其他相关专业教学使用,也可以作为财务人员会计信息系统应用培训和业务学习资料。

图书在版编目(CIP)数据

会计信息化上机实验 / 孙莲香主编. -- 3版. -- 北京 : 高等教育出版社,2021.4
ISBN 978-7-04-055511-0

Ⅰ. ①会… Ⅱ. ①孙… Ⅲ. ①会计信息–财务管理系统–教材 Ⅳ. ①F232

中国版本图书馆CIP数据核字(2021)第026107号

会计信息化上机实验(第三版)
KUAIJI XINXIHUA SHANGJI SHIYAN

| 策划编辑 | 武君红 | 责任编辑 | 黄 茜 | 封面设计 | 王 鹏 | 版式设计 | 马 云 |
| 插图绘制 | 黄云燕 | 责任校对 | 刁丽丽 | 责任印制 | 刘思涵 | | |

出版发行	高等教育出版社	网 址	http://www.hep.edu.cn
社 址	北京市西城区德外大街4号		http://www.hep.com.cn
邮政编码	100120	网上订购	http://www.hepmall.com.cn
印 刷	佳兴达印刷(天津)有限公司		http://www.hepmall.com
开 本	787mm×1092mm 1/16		http://www.hepmall.cn
印 张	12.5		
字 数	260千字	版 次	2012年9月第1版
插 页	1		2021年4月第3版
购书热线	010-58581118	印 次	2021年4月第1次印刷
咨询电话	400-810-0598	定 价	34.80元

出版说明

职业教育教学标准是国家职业教育标准体系的重要组成部分，是指导和管理职业院校教学工作的主要依据，是保证教育教学质量和人才培养规格的基本教学文件。没有规矩不成方圆，没有标准何谈质量。教学标准体系建设对于加快发展现代职业教育、加快实现职业教育现代化具有重要意义。

经过多年持续建设，具有中国特色、比较系统的职业教育国家教学标准体系框架基本形成。该标准体系体现了以下几点特色：贯彻教育方针，体现国家意志；服务国家战略，契合产业发展；体现产教融合，促进就业创业；强调系统培养，推进终身学习；确保基本要求，鼓励特色创新。

高等职业院校财务会计类专业教学标准由全国财政职业教育教学指导委员会组织制定，并组建了由全国多所院校财务会计类专业负责人、骨干教师和相关企业组成的专业教学标准制定工作组。工作组通过前期组织调研、召开研讨会、撰写调研报告和专业标准初稿、征求各高职院校意见并不断修正等过程，完成专业教学标准的制定任务。新的专业教学标准呈现出规范性、前瞻性、权威性、普适性、科学性和先进性等特点，适应了经济发展和会计转型对高端技能型财经人才的需求，考虑了财务大数据、智能化等新技术的应用，满足了财会转型发展、数智化时代对财经职业人才宽口径的新要求。

高等教育出版社作为国家教学资源库平台建设和资源运营机构，以及国家精品在线开放课程项目优质平台"智慧职教"（www.icve.com.cn）和"爱课程"（www.icourses.cn）的提供者，结合新的高等职业院校财务会计类专业教学标准，配套出版了"高等职业教育财经类专业群财会类新专业教学标准配套教材"。该套教材作者集合了专业教学标准制定专家和在线开放课程优秀建设者等，教材内容及时跟进国家现代财税金融体制改革步伐，全面反映最新专业教学标准、会计准则、财税法规等变化，教材形式不断创新，并实现了纸质教材与数字资源、在线开放课程一体化设计，利于教师开展"互联网＋"式教学互动，将为新时代信息技术与教育教学深度融合，深化教学改革，提高教学质量，培养新时代财经人才提供强有力的支撑。

高等教育出版社

主编简介

孙莲香，副教授，北京财贸职业学院会计专业教师，从事会计专业教学30余年，长期在企业兼职，积累了丰富的实践教学经验，在会计信息化教学研究方面取得了突出成绩。主持或主创开发了国家级及省部级项目10余项，是北京市精品课程"会计信息系统应用"负责人，国家级精品  资源共享课程"会计岗位综合实训"主讲教师，国家职业教育会计专业教学资源库课程"会计综合实训"主创人员，教育部国家示范性职业学校数字化资源共建共享计划立项课题会计电算化专业精品课程资源建设项目子项目负责人。主编"十一五""十二五""十三五"国家级规划教材、财政部教学指导委员会统编教材、北京市精品教材、用友及畅捷通企业培训教材等30余部。2011—2018年北京市中等职业学校技能大赛会计电算化竞赛项目负责人，2012—2013年高等职业院校技能大赛会计技能赛项专家组成员。

第三版前言

根据国家教育事业发展"十三五"规划，我国在"十三五"期间应实现"人才供给和高校创新能力明显提升，创新型、复合型、应用型和技术技能型人才培养比例显著提高，人才培养结构更趋合理"的目标。依据"十三五"期间"提高应用型、技术技能型和复合型人才培养比重"的要求，会计及会计信息化专业应把培养会计行业的应用型、技术技能型、复核型人才作为会计及会计信息化专业的人才培养目标。为了满足国家对会计人才培养的要求，满足信息时代企业对会计信息化人才的需求，高等院校和职业院校中的会计及会计信息化等专业中应开设"会计信息化"相关课程，以满足国家通过全面推进会计信息化建设，进一步提升会计工作水平，促进经济社会健康发展的需要。

本课程的培养目标是：强化会计信息化基础能力、核心专业技术应用能力和一般关键能力，使学生不仅能够掌握财务与业务一体化管理软件的基本操作技能，同时还能学到会计工作岗位之间的业务衔接关系和内部控制要求，以及会计人员的职业道德规范等内容，从而完成从理论向实践、从单项技能向综合技能的过渡。

本书是《会计信息化应用教程》（用友T3版）（第三版）的配套教材，对畅捷通T3—企业管理信息化软件行业专版（营改增版）中财务和购销存业务的基本知识和操作方法进行训练，使学习者在系统学习总账、财务报表、薪资和固定资产管理以及购销存业务处理的基本工作原理和会计核算与管理的全部工作过程后，对前面所学习的内容进行全面的训练，以达到学以致用的目的。本书共设计了25个单项上机实验和4个综合实验。与以往教材不同，本书不仅为每个教学单元设计了年初1月份的业务，而且，针对企业持续经营的特点，分别对企业中重要的业务处理环节，即总账、财务报表、薪资和固定资产设计了2月份的业务，从而更加全面地训练和检验学习者的学习和应用能力；另外，每个上机实验后都设计了与该实验有关的拓展任务，从而让学习者有更多的思考和训练的空间，有效地激发学生学习的主动性和积极性，不断地提升学生的自信心。每一个综合实验都是分阶段对所学内容的综合训练，可以全面考核学习者对前面一系列相关内容的掌握程度。实验数据覆盖面广，且数据量大，既能满足学生课堂训练，还能满足学生利用业余时间进行大量训练时使用。本教材注重理论与实践相结合，针对职业院校学生的认知特点，由浅入深，循序渐进，使学生不仅能够完成基本任务，还可以有更多的拓展空间，有效地激发学生学习的主动性和积极性，培养学生的学习能力。此外，本教材在充分满足会计信息化专门人才培养需要的同时，还突出了理论教学构筑学生的知识结构、实践教学构筑学生的职业技能结构的教学原则。

为了满足学习者分别针对不同内容进行训练的需要，本书对教材中的单项上机实验都备份了实验前准备账套，对所有单项上机实验和综合实验都备份了实验后结果的账套数据，使学习者可以任意选取所要完成的教学任务，避免因为数据准备不充分而不能随机选取学习内容的情况出现。

本书由北京财贸职业学院孙莲香任主编，负责设计全书的总体结构，进行总纂，由宁夏民族职业技术学院黎军任副主编。参加本书编写的人员有孙莲香、黎军、秦竞楠、安玉琴、鲍东梅、李天宇、李建华、陈江北、赵政、魏奇慧、王皎。本书是在畅捷通信息技术股份有限公司大力支持下编写完成的，在此深表谢意。我们衷心希望本书的出版能为促进我国会计信息化的发展尽一点微薄的力量。

限于编者的水平，书中难免存在缺点和不妥之处，我们诚挚地希望广大读者对本书的不足之处给予批评指正。

编　者
二〇二〇年十一月

第一版前言

"普通教育有高考，职业教育有技能大赛"已经成为人们的共识。为了满足会计技能大赛的训练和企业对会计电算化人才的需求，在职业教育的会计及会计电算化等相关专业中应开设"会计电算化"课程，以满足国家通过全面推进会计信息化建设、进一步提升会计工作水平、促进经济社会健康发展的需要。

本课程的培养目标是，强化会计电算化基础能力、核心专业技术应用能力和一般关键能力，使学生不仅能够掌握财务与业务一体化管理软件的基本操作技能，同时还学到会计工作岗位之间的业务衔接关系和内部控制要求，以及会计人员的职业道德规范等内容，从而完成从理论向实践、从单项技能向综合技能的过渡。为了达到培养适合企业需要的会计电算化专门人才的培养目标，本书编写人员集中优势资源，以工学结合为切入点，根据课程内容和学生特点，精心打造了这套《会计电算化应用教程》（畅捷通 T3 版）和《会计电算化上机实验》（畅捷通 T3 版）立体化教材。

本书与《会计电算化应用教程》（畅捷通 T3 版）一同对畅捷通 T3—企业管理信息化软件教育专版中财务和购销存业务的基本知识和操作方法进行训练，使学习者在系统学习总账、财务报表、薪资和固定资产管理以及购销存业务处理的基本工作原理和会计核算与管理的全部工作过程后，对前面所学习的内容进行全面的训练，以达到学以致用的目的。本书中共设计了 24 个单项上机实验和 5 个综合实验。与以往教材不同的是，我们不仅为每一教学单元设计了年初 1 月份的业务，而且，针对企业的持续经营的特点，分别对企业中重要的业务处理环节，即总账、财务报表、薪资和固定资产设计了 2 月份的业务，从而更加全面地训练和检验学习者的学习和应用能力；另外，每一上机实验后都设计了与该实验有关的拓展任务，从而让学习者有更多的思考和训练的空间，有效地激发学生学习的主动性和积极性，不断地提升学生的自信心。每一个综合实验都是分阶段对所学内容的综合训练，可以全面考核学习者对前面一系列相关内容的掌握程度。为了满足学习者对会计技能大赛的了解，我们把综合实验五设置为以原始凭证形式呈现日常业务的形式，使得在校内的上机训练与会计技能大赛和企业应用能力训练进行对接。实验数据覆盖面广，且数据量大，既能满足学生课堂训练，还能满足学生利用业余时间进行大量训练时使用。因此，本套教材注重理论与实践相结合，针对职业教育中学生的认知特点，由浅入深，循序渐进，不仅能够完成基本任务，还可以有更多的拓展空间，有效地激发学生学习的主动性和积极性，培养学生的学习能力。充分满足会计电算化专门人才培养的需要，突出理论教学构筑学生的知识结构、实践教学构筑学生的职业技能结构的教学原则。

为了满足学习者分别针对不同内容进行训练的需要，我们对教材中的单项上机实验和五个综合实验都备份了实验前准备和实验后结果的账套数据，使学习者任意选取所要完成的教学任务，而避免因为数据准备不充分而不能随机地选取学习内容的情况出现。为了满足教师教学的需要，我们为教师设计了从教学计划、教学大纲到电子教案的全部教学资料。努力做到想教师及学生之所想，急教师及学生之所急。

本书由北京财贸职业学院孙莲香老师主编。参加本书编写的人员都是担任会计电算化教学工作多年的教师，是编者多年教学经验的总结。编写本书的人员有孙莲香、康晓林、杨石磊、刘金、乔林、叶玉曼、郭莹、陈江北、张辰和胡晓珊。本书由孙莲香负责设计全书的总体结构和总纂等。本书是在畅捷通信息技术股份有限公司大力支持下编写完成的，在此深表谢意。我们衷心希望本书的出版能为促进我国会计电算化的发展尽一点微薄的力量。

限于作者的水平，书中难免存在缺点和不妥之处，我们诚挚地希望读者对本书的不足之处给予批评指正。

编　者

2012 年 7 月

目　录

第1单元
系统管理与基础设置

 功能概述

　　畅捷通 T3 财务管理系统由多个子系统组成，各个子系统都是为同一个主体的不同方面服务的。各子系统之间既相对独立，又相互联系，协同运作，共同完成一体化的会计核算与管理工作。为了实现一体化的管理应用模式，要求各个子系统共享公用的基础信息，拥有相同的账套和年度账，并要求操作员和操作权限集中管理，所有数据存放在同一数据库中可以共享。因此，为了完成全面的系统服务，必须设立系统管理功能，并进行基础设置，为各个子系统提供统一的环境和基础信息，对财务管理软件所属的各个系统进行统一的操作管理和数据维护，最终实现财务、业务的一体化管理。

　　系统管理的主要功能是对畅捷通 T3 企业管理软件的各子系统进行统一的操作管理和数据维护。系统管理的任务主要包括对操作员及其权限的管理和账套管理。

　　基础设置的内容主要包括设置基础档案、会计科目、凭证类别和结算方式等。

 **主要任务**

　　系统学习系统管理与基础设置的主要内容和操作方法。能够在系统管理中设置操作员、建立账套和设置操作员权限；能够在了解企业基本状况的情况下，为企业进行所需要的各种基础设置；能够熟练地进行账套的备份和恢复，为日常工作做好充分的准备；能够了解在出现操作错误时的处理思路和方法。系统管理与基础设置的主要任务如下页图所示。

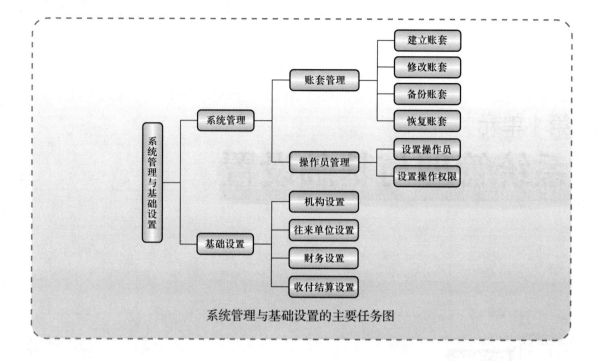

系统管理与基础设置的主要任务图

实验一　系统管理

一、实验目的

北京世纪天成有限责任公司（简称"世纪天成公司"）2020年1月购买了畅捷通T3企业管理软件（简称"畅捷通T3"），已经安装在计算机中。通过与软件工程师的沟通，了解到在使用该软件处理会计业务并进行会计管理之前，首先要做的工作就是在系统中建立企业的账套信息，明确谁有权利对企业的账套进行操作，为今后开展工作做好准备。此实验的目的就是在系统中设置操作员并赋予其相应账套的操作权限。

二、实验要求

1. 增加操作员。
2. 建立账套。
3. 设置操作员权限。

三、实验资料

1. 操作员及其权限如表 1-1 所示。

表1-1 操作员及其权限

操作员编号	操作员姓名	操作员权限	操作员岗位
ZZ01	陈天立	账套主管	财务主管
ZZ02	郝青月	公用目录设置、总账、工资、固定资产	总账会计
ZZ03	李烨	公用目录设置、总账、应付管理、应收管理、采购管理、销售管理、库存管理、存货核算	业务会计
ZZ04	张宏予	总账、现金管理、应付管理、应收管理、采购管理、销售管理	出纳员
ZZ05	赵雨同	账套主管	业务主管
ZZ06	周齐	公用目录设置、采购管理	采购员
ZZ07	武顺	公用目录设置、销售管理	销售员
ZZ08	郑西详	公用目录设置、库存管理	仓库管理员

2. 企业信息。

账套号：900。

公司名称：北京世纪天成有限责任公司。

法人代表：章露。

公司地址：北京市海淀区上地路 58 号。

邮政编码：100826。

联系电话：010-62895628。

企业类型：工业。

统一社会信用代码：110101985629385651。

行业性质：2007 年新会计准则。

系统启用日期：2020 年 1 月。

分类要求：需要对客户、供应商、存货进行分类，有外币核算。

分类编码规则：科目编码级次 42222、部门编码级次 12、客户分类编码级次 122、供应商分类编码级次 121、存货分类编码级次 122、结算方式编码级次 12。

3. 启用系统：总账系统，启用日期"2020 年 1 月 1 日"。

四、操作提示

1. 由系统管理员"admin"启动【系统管理】。

2. 在【权限】|【操作员】中，增加操作员。此时，学习者可以自行决定是否为操作员设置密码。

3. 在【账套】|【建立】中，创建账套。在建立账套时要特别注意该账套的"行业性质"是"2007年新会计准则"，如果设置错误，则此账套需要重新建立，如图1–1所示。

4. 设置正确的编码方案，如图1–2所示。

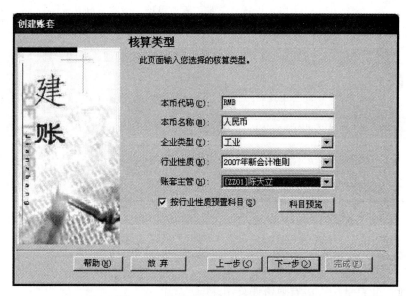

图1–1　创建账套——核算类型

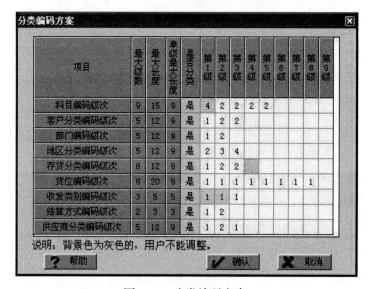

项目	最大级数	最大长度	单级最大长度	是否分类	第1级	第2级	第3级	第4级	第5级	第6级	第7级	第8级	第9级
科目编码级次	9	15	9	是	4	2	2	2	2				
客户分类编码级次	5	12	9	是	1	2	2						
部门编码级次	5	12	9	是	1	2							
地区分类编码级次	5	12	9	是	2	3	4						
存货分类编码级次	8	12	9	是	1	2	2						
货位编码级次	8	20	9	是	1	1	1	1	1	1	1	1	
收发类别编码级次	3	5	5	是	1	1	1						
结算方式编码级次	2	3	9	是	1	2							
供应商分类编码级次	5	12	9	是	1	2	1						

说明：背景色为灰色的，用户不能调整。

图1–2　分类编码方案

5. 启用"总账"系统，启用日期为"2020 年 1 月 1 日"。

6. 在【权限】|【权限】中，设置操作员权限。设置权限时要特别注意是否选对了账套。

7. 实验一的操作结果已经备份至"上机实验备份／（1）实验一"。

五、拓展任务

1. 如何修改操作员信息？

例如，将业务主管"ZZ05"（赵雨同）的所属部门修改为"采购部"；设置口令为
"ZYT321"。

2. 如何进行账套信息的修改？

例如，设置该企业无"外币核算"的业务。

3. 如何修改操作员所拥有的权限？

例如，取消总账会计"ZZ02"（郝青月）的出纳签字的权限。

4. 如何删除账套？

例如，将已备份的某账套删除。

5. 如何恢复账套？

例如，恢复已备份的某账套。

6. 在系统管理功能的操作中如果出现以下问题应该怎么办？

（1）在建立账套时选择错了"行业性质"。

（2）在建立账套时选择错了"启用会计期"。

（3）在建立账套时选择错了"编码方案"。

（4）在建立账套时选择错了是否分类信息。

（5）在建立账套时选择错了"账套主管"。

（6）在建立账套后未启用相应的应该启用的系统。

（7）自认为已经为某个操作员设置了某套账的操作权限，可是该操作员并没有相应的权
限，不能进入某套账。

实验二　基础设置

一、实验目的

世纪天成公司在充分了解了畅捷通 T3 企业管理软件的主要功能和业务处理流程之后，发现要想进行各个系统的日常业务处理就必须首先进行基础设置。问题是应该如何完成部门和职员档案的设置，供应商往来单位的设置，会计科目的设置（特别是会计科目中的辅助核算内容到底有什么作用），凭证类别和结算方式设置？此实验的目的是进行账套中的基础设置，为日常工作做好充分的准备。

二、实验要求

1. 设置部门档案。
2. 设置职员档案。
3. 设置客户分类及客户档案。
4. 设置供应商分类及供应商档案。
5. 设置会计科目。
6. 指定会计科目。
7. 设置凭证类别。
8. 设置结算方式。

三、实验资料

1. 部门档案如表 2-1 所示。

表2-1　部　门　档　案

部门编码	部门名称
1	行政部
101	办公室

部门编码	部门名称
102	财务部
2	业务部
201	采购部
202	销售部
203	仓库管理部
3	车间

2. 职员档案如表 2-2 所示。

表2-2　职 员 档 案

职员编号	职员名称	所属部门	职员属性
ZY001	章露	办公室	法人
ZY002	李伟	办公室	主任
ZY003	李芳	办公室	职员
ZY004	陈天立	财务部	财务主管
ZY005	郝青月	财务部	总账会计
ZY006	李烨	财务部	业务会计
ZY007	张宏予	财务部	出纳员
ZY008	赵雨同	采购部	业务主管
ZY009	周齐	采购部	采购员
ZY010	邓芳	采购部	采购员
ZY011	武顺	销售部	销售员
ZY012	韩亦成	销售部	销售员
ZY013	郑西详	仓库管理部	仓库管理员
ZY014	徐美芝	车间	车间主任
ZY015	程东梅	车间	生产工人
ZY016	赵芝	车间	生产工人
ZY017	李明月	车间	生产工人

3. 客户分类如表 2-3 所示。

表2-3　客 户 分 类

类别编码	类别名称
1	国内地区
101	华北地区
10101	市内
10102	市外
102	华中地区
103	华南地区
104	东北地区
105	西北地区
2	国外地区

4. 客户档案如表 2-4 所示。

表2-4　客 户 档 案

客户编码	客户名称	客户简称	所属分类	纳税号	开户银行	银行账号
KH01	世纪晨光有限责任公司	世纪晨光	市内	110106293691855185	工商银行北京中关村支行	12345-09092
KH02	华夏股份有限公司	华夏	市外	692066662800662929	招商银行石家庄北京路支行	89002-78906
KH03	中建有限责任公司	中建	华中地区	929565019273658298	建设银行南京东湖支行	23146-74333
KH04	聚力股份有限公司	聚力	华南地区	293965600298920565	建设银行广州白云路支行	67676-34522
KH05	永连泰有限责任公司	永连泰	东北地区	872838756661001023	工商银行长春白求恩路支行	32326-67567

5. 供应商分类如表 2-5 所示。

表2-5 供应商分类

类别编码	类别名称
1	主料供应商
2	辅料供应商
3	成品供应商
4	其他供应商

6. 供应商档案如表 2-6 所示。

表2-6 供应商档案

供应商编码	供应商名称	供应商简称	所属分类
GY001	清河毛纺厂	毛纺厂	主料供应商
GY002	侬经纺织有限公司	侬经	辅料供应商
GY003	纲兴有限责任公司	纲兴	成品供应商

7. 需要设置的主要会计科目如表 2-7 所示。

表2-7 主要会计科目

科目编码	科目名称	辅助账类型
1001	库存现金	日记账
100201	招商银行存款	日记账，银行账
100202	建设银行存款	日记账，银行账
1122	应收账款	客户往来
1123	预付账款	供应商往来
122101	应收职工借款	个人往来
140301	棉布网衬	数量核算（米）、数量金额式账页
140302	化纤布	数量核算（米）、数量金额式账页
140501	衬衣	数量核算（件）、数量金额式账页

续表

科目编码	科目名称	辅助账类型
140502	运动服	数量核算（套）、数量金额式账页
2202	应付账款	供应商往来
2203	预收账款	客户往来
221101	薪酬	
221102	职工教育经费	
221103	工会经费	
222101	应交增值税	
22210101	进项税额	
22210102	已交税金	
22210103	销项税额	
22210104	转出未交增值税	
222102	未交增值税	
222103	应交所得税	
222104	应交城市维护建设税	
222105	应交教育费附加	
500101	直接材料	
500102	直接人工	
500103	制造费用	
600101	衬衣	数量核算（件）、数量金额式账页
600102	运动服	数量核算（套）、数量金额式账页
640101	衬衣	
640102	运动服	
660201	办公费	部门核算
660202	差旅费	部门核算
660203	薪酬	部门核算
660204	折旧费	部门核算
660205	其他	部门核算

8. 指定会计科目："1001 库存现金"为现金总账科目，"1002 银行存款"为银行总账科目。

9. 凭证类别如表 2-8 所示。

表2-8 凭 证 类 别

类别名称	限制类型	限制科目
收款凭证	借方必有	1001，1002
付款凭证	贷方必有	1001，1002
转账凭证	凭证必无	1001，1002

10. 结算方式如表 2-9 所示。

表2-9 结 算 方 式

结算方式编码	结算方式名称
1	现金
2	支票
201	现金支票
202	转账支票
3	银行汇票
4	银行本票
5	商业汇票
501	商业承兑汇票
502	银行承兑汇票
6	委托收款
7	汇兑
701	电汇
702	信汇
8	其他

四、操作提示

1. 由总账会计"ZZ02"（郝青月）登录到 900 账套，如图 2-1 所示。此时需注意，如果在"用户名"栏录入了"ZZ02"，单击"密码"栏（没有密码，但是，也需要单击密码栏），而"账套栏"却不出现"[900]世纪天成公司"，则应到【系统管理】|【权限】|【权限】功

能中检查"ZZ02"是否拥有"900"账套的操作权限。

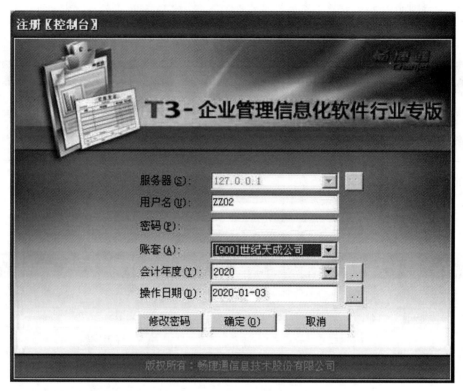

图 2-1 登录系统

2. 在【基础设置】|【机构设置】|【部门档案】中，设置部门档案。

3. 在【基础设置】|【机构设置】|【职员档案】中，设置职员档案。

4. 在【基础设置】|【往来单位】|【客户分类】中，设置客户分类。

5. 在【基础设置】|【往来单位】|【客户档案】中，设置客户档案。

6. 在【基础设置】|【往来单位】|【供应商分类】中，设置供应商分类。

7. 在【基础设置】|【往来单位】|【供应商档案】中，设置供应商档案。

8. 在【基础设置】|【财务】|【会计科目】中，增加会计科目。要特别注意增加会计科目时是否有辅助核算的要求。如果有数量核算的内容则应分别设置账页格式和计量单位，如图 2-2 所示。

9. 在【基础设置】|【财务】|【会计科目】|【编辑】|【指定科目】中分别指定现金总账和银行总账科目。如果不指定会计科目则不能进行出纳签字，也不能查询到日记账，如图 2-3 所示。

10. 在【基础设置】|【财务】|【凭证类别】中设置凭证类别。如果出现如图 2-4 所示的情况，则应关闭已打开的功能。关闭的方法有两种：一种方法是选中已打开的功能，单击右

键，选择"注销"；另一种方法是选中【窗口】菜单，单击右键，选择"注销"。

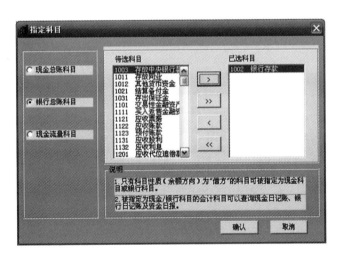

图 2-2 数量核算的会计科目

图 2-3 指定科目

图 2-4 设置凭证类别时的提示

11. 在【基础设置】|【结算】|【结算方式】中设置结算方式。

12. 实验二的操作结果已经备份至"上机实验备份/（2）实验二"。

五、拓展任务

1. 部门档案和职员档案通常在什么情况下被使用？

2. 在进行基础设置时如果出现以下问题应该怎么办？

（1）在设置部门档案时不能设置负责人。

（2）在设置职员档案时，其所属的部门选择错了，再重新选择时却只显示这一个错误的部门。

（3）在企业与某个职员之间发生业务往来时，发现职员档案中并没有这个职员。

（4）在设置客户及供货商分类等内容时发现编码规则错误。

3. 在设置客户及供货商分类时发现该账套不能设置这两种分类信息，原因是在建立账套时未设置对此两项内容进行分类，此时要设置这两种分类信息应该怎么办？

4. 如果该账套未设置要对客户及供货商进行分类，直接设置了客户及供货商档案，而此时又要对该账套的客户及供货商进行分类，怎么办？

5. 怎样删除会计科目？什么样的会计科目不能直接删除？

6. 如果将"2202 应付账款"科目设置为"供货商往来"类会计科目，并且其受控系统为"应付系统"，如图 2-5 所示，将会对该科目的使用有什么限制？

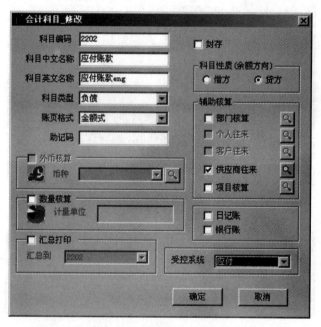

图 2-5 修改会计科目

7. 如何进行外币及汇率的设置？

8. 在什么情况下会出现如图 2-6 所示的提示？

图 2-6 增加科目时的提示

9. 如果凭证类别选择错误应如何修改？

10. 凭证类别中限制科目的设置有什么作用？

11. 将银行存款类科目的辅助项设置为银行账有何作用？

12. 在只启动总账系统时，在什么情况下将会用到"结算方式"？有何作用？

13. 在选项中设置是否"允许修改、作废他人填制的凭证"，对实际工作有何影响？

14. 在会计科目设置功能中的指定会计科目有何作用？

15. 在什么情况下会出现如图 2-7 所示的提示？

图 2-7 会计科目编码的长度不符合编码规则的提示

第2单元
总账管理

 功能概述

在企事业和机关单位中，处理会计业务必须有一套专门的方法，即：设置账户、复式记账、填制和审核凭证、登记账簿、成本计算、财产清查和编制财务会计报告，并对会计核算结果进行综合分析等。这些方法相互联系，相互贯通，紧密结合，形成一套完整的会计方法体系。为实现计算机管理的需要，将设置账户、复式记账、填制和审核凭证、登记账簿等统称为总账管理。

总账管理是企业会计核算与会计管理的核心内容，是企业会计信息科学化和标准化的关键。总账管理适用于各类企业、行政事业单位，可以完成从建立账簿资料、凭证管理、标准账表到月末处理和辅助管理等会计核算和会计管理的各项工作。

具体内容主要包括系统初始化中的定义总账系统启用参数并录入期初余额；日常业务处理中的填制凭证、审核凭证、出纳签字、记账、查询各种账证资料；期末业务处理中的定义并生成转账凭证、结账等。

 主要任务

系统学习总账管理的基本原理和系统初始化、日常业务处理及期末业务处理的方法。能够根据企业的业务情况设置总账系统的业务参数，录入基本会计科目的期初余额及带有辅助核算要求的期初余额；能够根据业务发生的情况填制记账凭证、审核记账凭证并记账，特别是当出现凭证错误时，能够根据错误发生的时间等进行修改或删除凭证；能够根据企

业的业务情况设置相应的期末自定义转账凭证，并生成自定义转账凭证；能够随时查看各种账证表资料。总账管理的主要任务如下图所示。

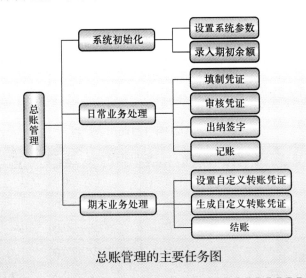

总账管理的主要任务图

实验三 总账系统初始化

一、实验目的

世纪天成公司自 2020 年 1 月开始使用畅捷通 T3 企业管理软件进行总账业务处理，经过咨询软件实施工程师得知，在进行总账业务处理之前，为了加强内部控制，确定本公司的会计业务处理的核算规则等，应进行总账系统的参数设置。现在需要在了解本公司会计业务处理要采用的规则和具体的要求后进行参数设置，以满足会计核算与管理的需要。另外，在正式应用系统进行总账业务处理之前，要对原有手工数据进行加工整理，在软件实施工程师的帮助下确认总账系统期初余额的录入方案。此实验的目的就是根据企业的实际需要设置总账系统的参数，整理手工业务数据后录入期初余额，并了解期初余额对日常业务的影响。

二、实验要求

1. 设置总账系统参数。

2. 录入总账系统期初余额并试算平衡。

三、实验资料

1. 总账系统的参数：不允许修改、作废他人填制的凭证；出纳凭证必须经由出纳签字。
2. 2020年1月期初余额如表3-1所示。

表3-1 2020年1月期初余额表

会计科目	方向	余额	备注
库存现金	借	5 000.00	
银行存款——招商银行存款	借	3 075 865.00	
银行存款——建设银行存款	借	63 500.00	
应收账款	借	791 000.00	
其他应收款——应收职工借款	借	57 000.00	
其中：李伟		2 000.00	2019.11.20借差旅费
赵雨同		50 000.00	2019.12.5个人借款
武顺		5 000.00	2019.12.19借差旅费
原材料——棉布网衬	借	62 000.00	
米		5 000	
——化纤布	借	95 000.00	
米	借	5 000	
库存商品——衬衣	借	350 000.00	
件		5 000	
库存商品——运动服	借	800 000.00	
套		8 000	
固定资产	借	8 520 000.00	
累计折旧	贷	623 495.00	
应付账款	贷	226 000.00	
应交税费——应交增值税——销项税额	贷	9 200.00	
——应交所得税	贷	12 390.00	
——应交城市维护建设税	贷	2 500.00	
——应交教育费附加	贷	1 016.00	
长期借款	贷	700 000.00	年利息率为6%
实收资本	贷	12 244 764.00	

3. 往来科目余额的明细资料如表 3-2 所示。

表3-2　往来科目余额明细表　　　　　　　　单位：元

会计科目	日期	往来单位	摘要	方向	金额
应付账款	2019.10.30	毛纺厂	采购材料未付款	贷	169 500
应付账款	2019.09.05	依经	采购材料未付款	贷	56 500
小计				贷	226 000
应收账款	2019.12.05	世纪晨光	销售商品款未收	借	169 500
应收账款	2019.09.17	华夏	销售商品款未收	借	282 500
应收账款	2019.11.29	中建	销售商品款未收	借	339 000
小计				借	791 000

四、操作提示

1. 在【总账】|【设置】|【选项】中设置总账系统的参数，如图 3-1 所示。

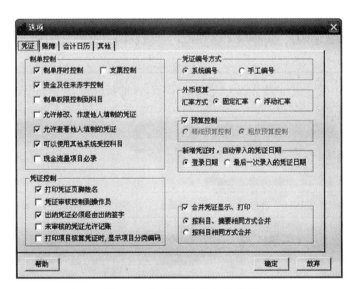

图 3-1　总账系统的参数设置

2. 在【总账】|【设置】|【期初余额】中录入期初余额。在录入带有数量核算要求的会计科目的期初余额时要录入完全，如图 3-2 所示。

3. 在录入有辅助核算要求的会计科目的期初余额时，要注意录入明细内容。应收账款科目余额的明细内容如图 3-3 所示。

4. 全部余额录入完后单击"期初余额"录入窗口的【试算】按钮，进行期初余额的试算平衡。试算平衡的结果如图 3-4 所示。

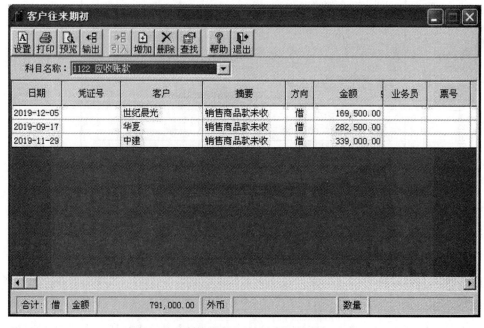

图 3-2 "数量核算"科目期初余额

图 3-3 "应收账款"科目余额的明细内容

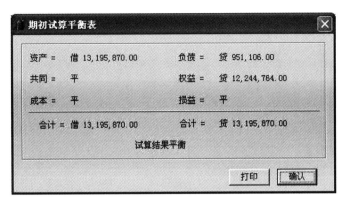

图 3-4 期初余额试算平衡的结果

5. 实验三的操作结果已经备份至"上机实验备份 /（3）实验三"。

五、拓展任务

1. 在录入期初余额时发现会计科目的错误应该怎么办？

2. 为什么在如图 3-5 所示"期初余额录入"对话框中有多个余额栏？

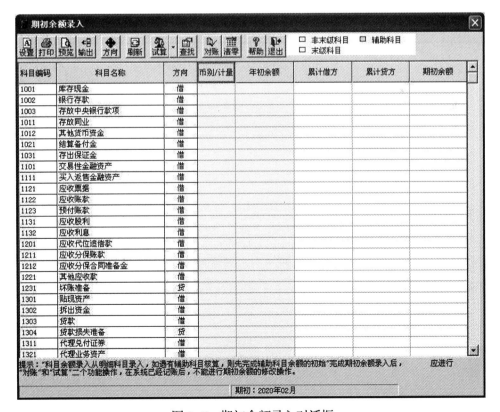

图 3-5 期初余额录入对话框

3. 在录入往来账期初余额时，如果录入的内容错误要退出如图3-6所示的对话框，却不能退出，应该怎么办？

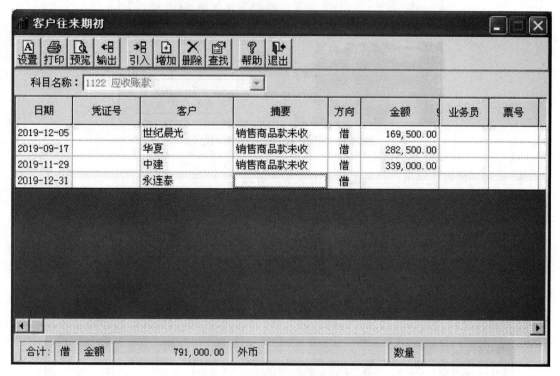

图3-6 录入客户往来期初余额

4. 当一个会计科目有多个下级科目，而多个下级会计科目的余额方向不一致时，如何录入余额方向不一致的下级会计科目的期初余额？

5. 如果期初余额为红字，应该如何录入？

6. 为什么要设置常用摘要？应如何使用？

7. 请说出经常会用到的三个凭证摘要。

8. 请说出并设置三个常用凭证。

9. 在录入往来类科目的余额时，发现该科目并未被设置"客户"及"供货商"往来类科目辅助核算内容，应该怎么办？

实验四　总账日常业务（一）

一、实验目的

　　会计人员的主要工作职责就是记账、复账和报账，做到手续完备、数字准确、账目清楚、按期报账。世纪天成公司已经经营 2 年，对于手工会计业务的处理已经积累了丰富的经验。在使用畅捷通 T3 企业管理软件时，为了加强内部控制，应对企业的会计人员进行合理分工并顺利地完成日常业务处理。此实验的目的是初步体验，将企业所发生的业务在财务管理软件中进行处理，包括填制凭证、审核凭证、出纳签字和记账。在处理的过程中免不了会出现各种各样的错误，要能够对各种操作错误进行修改，直到取得正确的结果。

二、实验要求

　　1. 由 "ZZ02"（郝青月）填制凭证。

　　2. 由 "ZZ01"（陈天立）审核凭证。

　　3. 由 "ZZ04"（张宏予）进行出纳签字。

　　4. 由 "ZZ02"（郝青月）记账。

　　5. 查看 2020 年 1 月 1 日至 15 日的科目汇总表。

三、实验资料

　　2020 年 1 月 1 日至 15 日发生如下经济业务：

　　1. 2 日，开出现金支票，从招商银行提取现金 3 000 元备用。（现金支票号：0333）

　　借：库存现金　　　　　　　　　　　　　　　　　　　　　　　　3 000

　　　　贷：银行存款——招商银行存款　　　　　　　　　　　　　　　　　　3 000

　　2. 5 日，以招商银行存款缴纳上年企业所得税 12 390 元。

　　借：应交税费——应交所得税　　　　　　　　　　　　　　　　　　12 390

　　　　贷：银行存款——招商银行存款　　　　　　　　　　　　　　　　　12 390

　　3. 6 日，向招商银行借入 3 个月期借款 60 000 元（年利息率为 2%）。

　　借：银行存款——招商银行存款　　　　　　　　　　　　　　　　　60 000

　　　　贷：短期借款　　　　　　　　　　　　　　　　　　　　　　　　　60 000

　　4. 8 日，生产 500 套运动服，领用化纤布 1 200 米（单位成本：95 000÷5 000＝19），棉布网衬 800 米（单位成本：62 000÷5 000＝12.4）。（注：发出存货的成本采用先进先出法）

　　　　借：生产成本——直接材料　　　　　　　　　　　　　　　　　　32 720

　　　　　　贷：原材料——化纤布　　　　　　　　　　　　　　　　　22 800

　　　　　　　　　——棉布网衬　　　　　　　　　　　　　　　　　　9 920

　　5. 10 日，办公室用现金 600 元购买办公用品一批（档案盒 20 个，单价 10 元；签字笔 20 支，单价 2 元；计算器 3 台，单价 120 元）。

　　　　借：管理费用——办公费　　　　　　　　　　　　　　　　　　　　600

　　　　　　贷：库存现金　　　　　　　　　　　　　　　　　　　　　　　600

　　6. 10 日，根据协议，开出招商银行转账支票（支票号：1861）向毛纺厂预付 10 000 元采购化纤布。

　　　　借：预付账款——毛纺厂　　　　　　　　　　　　　　　　　　10 000

　　　　　　贷：银行存款——招商银行存款　　　　　　　　　　　　　10 000

　　7. 11 日，办公室主任李伟出差回来报销差旅费 2 400 元，补付现金 400 元。

　　　　借：管理费用——差旅费　　　　　　　　　　　　　　　　　　　2 400

　　　　　　贷：其他应收款——李伟　　　　　　　　　　　　　　　　　2 000

　　　　　　　　库存现金　　　　　　　　　　　　　　　　　　　　　　400

　　8. 13 日，收到世纪晨光开具转账支票（票号：879789）一张，存入招商银行，偿付前欠款项。

　　　　借：银行存款——招商银行存款　　　　　　　　　　　　　　169 500

　　　　　　贷：应收账款——世纪晨光　　　　　　　　　　　　　　169 500

四、操作提示

　　1. 由总账会计"ZZ02"（郝青月）在 2020 年 1 月 2 日（将系统日期调整为 2020 年 1 月 31 日）登录到 900 账套，如图 4-1 所示。

　　2. 单击桌面上"填制凭证"图标，或单击【总账】|【凭证】|【填制凭证】选项。填制第 1 笔业务的记账凭证，如图 4-2 所示。

　　3. 录入凭证时要特别注意科目辅助项目内容的录入。第 7 笔业务的个人往来辅助核算的内容如图 4-3 所示。

　　4. 由财务主管"ZZ01"（陈天立）在 2020 年 1 月 15 日登录 900 账套。

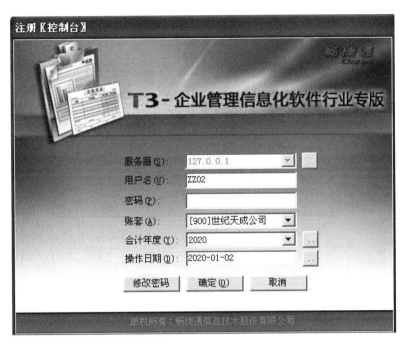

图 4-1 由总账会计登录到 900 账套

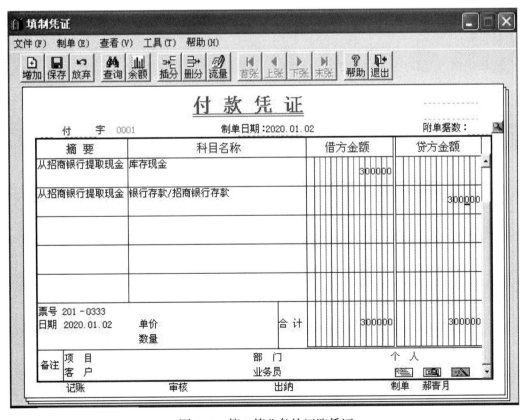

图 4-2 第 1 笔业务的记账凭证

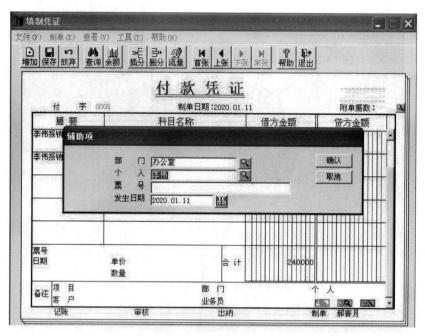

图4-3 填制凭证时录入辅助核算的内容

5. 单击桌面上"审核凭证"图标,或单击【总账】|【凭证】|【审核凭证】选项。审核已填制的所有记账凭证。

6. 由出纳员"ZZ04"(张宏予)在2020年1月15日登录900账套。

7. 单击【总账】|【凭证】|【出纳签字】选项。系统显示所有待签字的收付款凭证,如图4-4所示。

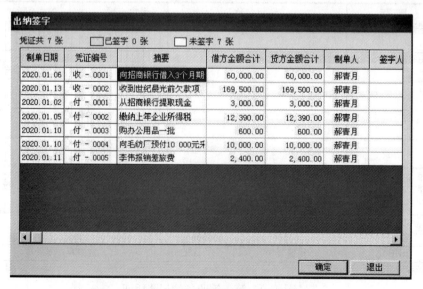

图4-4 系统显示所有待签字的收付款凭证

8. 依次将每一张凭证进行确认签字。

9. 由总账会计"ZZ02"（郝青月）在 2020 年 1 月 15 日登录 900 账套。

10. 单击桌面上"记账"图标，或单击【总账】|【凭证】|【记账】选项。将所有记账凭证记账。

11. 单击【总账】|【凭证】|【科目汇总】选项。选择日期区间为 2020 年 1 月 1 日至 2020 年 1 月 15 日，如图 4-5 所示。

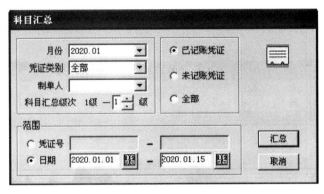

图 4-5 选择科目汇总的条件

12. 单击【汇总】按钮，显示科目汇总表，如图 4-6 所示。

文件 基础设置 总账 现金 窗口 帮助										
A 设置 打印 预览 输出	查询 定位	还原 转换	专项 详细	帮助 退出						

科目汇总表

日期:2020.01.01-2020.01.15 共8张凭证,其中作废凭证0张,原始单据共0张　　　　　　　　　　　　　　　　　　　　　　　月份:2020.01

科目编码	科目名称	外币名称	计量单位	金额合计		外币合计		数量合计	
				借方	贷方	借方	贷方	借方	贷方
1001	库存现金			3,000.00	1,000.00				
1002	银行存款			229,500.00	25,390.00				
1122	应收账款				169,500.00				
1123	预付账款			10,000.00					
1221	其他应收款				2,000.00				
1403	原材料				32,720.00				
资产小计				242,500.00	230,610.00				
2001	短期借款				60,000.00				
2221	应交税费			12,390.00					
负债小计				12,390.00	60,000.00				
5001	生产成本			32,720.00					
成本小计				32,720.00					
6602	管理费用			3,000.00					
损益小计				3,000.00					
合计				290,610.00	290,610.00				

图 4-6 1—15 日的科目汇总表

13. 实验四的操作结果已经备份至"上机实验备份／（4）实验四"。

五、拓展任务

1. 怎样成批审核凭证？

2. 哪些业务可以通过调用常用摘要或常用凭证的方式填制凭证？

3. 在填制凭证时"F2""F5""="及"空格"键各自的作用分别是什么？

4. 已审核的凭证发现有错误应该怎么办？

5. 在什么情况下要求对出纳凭证进行签字？出纳签字的必备条件是什么？

6. 在填制凭证时为什么会出现如图 4-7 所示的提示？应该怎么办？

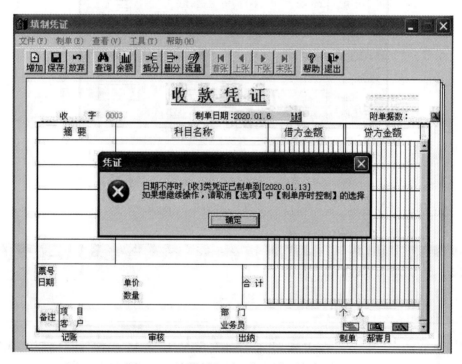

图 4-7 填制凭证时日期不序时的提示

7. 在填制凭证时为什么会出现如图 4-8 所示的提示？是什么意思？应该怎么办？

8. 如果在填制凭证时发现并未设置相应的会计科目，应该怎么办？

9. 在填制凭证时为什么会出现如图 4-9 所示的提示？是什么意思？应该怎么办？

10. 在记账时发现因为期初余额不平衡而不能记账，应该怎么办？

11. 如果在总账系统的选项中没有勾选"允许修改、作废他人填制的凭证"，对日常业务将会有何影响？

12. 如果在总账系统的选项中没有勾选"凭证序时核算"，对日常业务将会有何影响？

13. 在填制凭证时如果往来类科目的往来单位填制错误，应该怎么办？

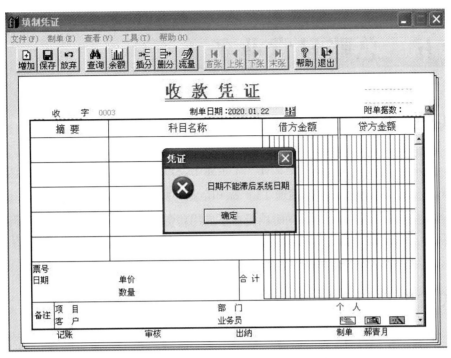

图 4-8　填制凭证日期滞后系统日期的提示

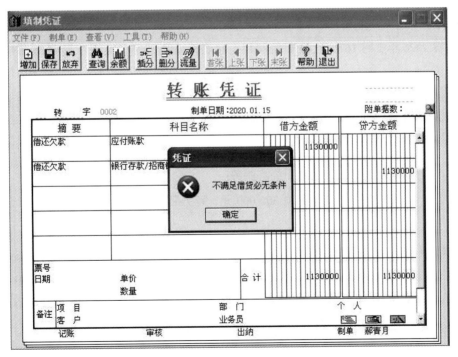

图 4-9　凭证类别录入有误的提示

实验五 总账日常业务（二）

一、实验目的

世纪天成公司的会计人员很清楚，在一个企业中，日常业务的数量往往很大，要能够快速准确地对其进行处理就应该对畅捷通 T3 产品和企业所发生的业务有更多的了解。此实验的目的是熟练地进行日常业务处理，同时感受在不启用薪资和固定资产系统的情况下，对薪资和固定资产业务的处理方法。

二、实验要求

1. 由"ZZ02"（郝青月）填制凭证。
2. 由"ZZ01"（陈天立）审核凭证。
3. 由"ZZ04"（张宏予）进行出纳签字。
4. 由"ZZ02"（郝青月）记账。
5. 查看 2020 年 1 月 16 日至 31 日的科目汇总表，以及 2020 年 1 月 1 日至 31 日的科目汇总表。

三、实验资料

2020 年 1 月 16 日至月末发生如下经济业务：

1. 16 日，收到华夏公司支付款项 300 000 元，存入招商银行，偿付前欠款项后余款作为预收款。

借：银行存款——招商银行存款	300 000
贷：应收账款——华夏	282 500
预收账款——华夏	17 500

2. 17 日，收到聚力公司预付款项 300 000 元，存入招商银行。

借：银行存款——招商银行存款	300 000
贷：预收账款——聚力	300 000

3. 18 日，预提本月银行借款利息 3 600 元。

借：财务费用　3 600

　　贷：应付利息　3 600

4. 18 日，收到从清河毛纺厂购入化纤布 5 000 米、单价 20.50 元的增值税专用发票（增值税税率为 13%）。使用预付款 10 000 元，余款尚未支付。

借：原材料——化纤布　102 500

　　应交税费——应交增值税（进项税额）　13 325

　　贷：应付账款——毛纺厂　105 825

　　　　预付账款——毛纺厂　10 000

5. 20 日，向聚力公司销售运动服 1 500 套，每套不含税售价 200 元，开出增值税专用发票（增值税税率为 13%）一张，收到转账支票（金额 300 000 元）存入招商银行，余款暂欠。

借：银行存款——招商银行存款　300 000

　　应收账款——聚力　39 000

　　贷：主营业务收入——运动服　300 000

　　　　应交税费——应交增值税（销项税额）　39 000

6. 20 日，向永连泰公司销售衬衣 300 件，无税单价 130 元，运动服 300 套，无税单价 450 元，开出增值税专用发票（增值税税率为 13%）一张，尚未收到款项。

借：应收账款——永连泰　196 620

　　贷：主营业务收入——衬衣　39 000

　　　　　　　　　　——运动衣　135 000

　　　　应交税费——应交增值税（销项税额）　22 620

7. 21 日，收到永连泰公司转账支票一张，支付 20 日发出商品款。

借：银行存款——招商银行存款　196 620

　　贷：应收账款——永连泰　196 620

8. 21 日，经协商应向聚力公司结算的余款 39 000 元转到永连泰公司。

借：应收账款——永连泰　39 000

　　贷：应收账款——聚力　39 000

9. 21 日，开出招商银行转账支票（支票号：1862）支付毛纺厂前期采购款 169 500 元。

借：应付账款——毛纺厂　169 500

　　贷：银行存款——招商银行存款　169 500

10. 22 日，开出招商银行转账支票（支票号：1863），支付本月职工工资 81 315 元。本月工资情况如表 5-1 所示。

表5-1　1月工资情况表　　　　　　　　单位：元

序号	部门	人员类别	应发合计	扣款	实发合计
1	办公室	行政人员	15 660.00	490.00	15 170.00
2	财务部	行政人员	18 480.00	360.00	18 120.00
3	采购部	业务人员	11 780.00	2 840.00	8 940.00
4	采购部	业务人员	3 600.00	5.00	3 595.00
5	销售部	业务人员	6 040.00	2 490.00	3 550.00
6	销售部	业务人员	5 000.00	1 125.00	3 875.00
7	仓库管理部	业务人员	5 530.00	180.00	5 350.00
8	车间	行政人员	6 820.00	380.00	6 440.00
9	车间	生产人员	12 080.00	680.00	11 400.00
10	车间	生产人员	5 000.00	125.00	4 875.00
	合计		89 990.00	8 675.00	81 315.00

借：应付职工薪酬——薪酬　　　　　　　　　　　　　　　　81 315

　　贷：银行存款——招商银行存款　　　　　　　　　　　　　81 315

11. 22日，从侬经纺织有限公司购入棉布网衬1 000米，收到增值税专用发票一张（增值税税率为13%），单价12元，材料已验收（发现10米定额内损耗）入库，款项尚未支付。

借：原材料——棉布网衬　　　　　　　　　　　　　　　　12 000

　　应交税费——应交增值税（进项税额）　　　　　　　　　1 560

　　贷：应付账款——侬经　　　　　　　　　　　　　　　　13 560

12. 22日，开出招商银行转账支票（支票号1865）向毛纺厂支付本月采购化纤布欠款105 825元。

借：应付账款——毛纺厂　　　　　　　　　　　　　　　105 825

　　贷：银行存款——招商银行存款　　　　　　　　　　　105 825

13. 22日，支付侬经公司60 000元（支票号：1864），偿还其前欠款56 500元，余款形成预付款。

借：应付账款——侬经　　　　　　　　　　　　　　　　56 500

　　预付账款——侬经　　　　　　　　　　　　　　　　　3 500

　　贷：银行存款——招商银行存款　　　　　　　　　　　60 000

14. 23日，投资者投入办公用打印机一台，价值1 900元，使用年限为5年，预计净残值率为3%，采用"双倍余额递减法"计提折旧。

借：固定资产——打印机   1 900

  贷：实收资本   1 900

15. 23 日，以现金 520 元支付车间装置修理费。

借：制造费用   520

  贷：库存现金   520

16. 31 日，根据工资分配表（见表 5-2）结转工资费用（其中采购部、销售部和仓库管理部的职工工资都计入"销售费用"）。

表5-2　1月工资分配表   单位：元

序号	部门	人员类别	应发合计
1	办公室	行政人员	15 890
2	财务部	行政人员	18 250
3	采购部	业务人员	11 780
5	销售部	业务人员	14 640
7	仓库管理部	业务人员	5 530
8	车间	行政人员	6 820
9	车间	生产人员	17 080
合计			89 990

借：管理费用——薪酬（办公室）   15 890

     ——薪酬（财务部）   18 250

  销售费用   31 950

  制造费用   6 820

  生产成本——直接人工   17 080

  贷：应付职工薪酬——薪酬   89 990

17. 31 日，计提当月工会经费（计提比率 2%）。

借：管理费用——其他（办公室）   317.8

     ——其他（财务部）   365

  销售费用   639

  制造费用   136.4

  生产成本——直接人工   341.6

  贷：应付职工薪酬——工会经费   1 799.8

18. 31日，计提当月职工教育经费（计提比率1.5%），计入管理费用。

借：管理费用——其他（办公室）　　　　　　　　　　238.35

　　　　　　——其他（财务部）　　　　　　　　　　273.75

　　销售费用　　　　　　　　　　　　　　　　　　　479.25

　　制造费用　　　　　　　　　　　　　　　　　　　102.3

　　生产成本——直接人工　　　　　　　　　　　　　256.2

　　贷：应付职工薪酬——应付职工教育经费　　　　　　　　1 349.85

19. 31日，企业接受投资人捐赠的化纤布1 000米，验收没有质量问题及数量问题后办理入库手续，入库成本为每米20元。

借：原材料——化纤布　　　　　　　　　　　　　　　20 000

　　贷：资本公积　　　　　　　　　　　　　　　　　　　　20 000

20. 31日，企业向希望工程捐赠衬衣200件（每件成本70元）。

借：营业外支出——捐赠支出　　　　　　　　　　　　14 000

　　贷：库存商品——衬衣　　　　　　　　　　　　　　　　14 000

21. 31日，计提固定资产折旧如表5-3所示。

表5-3　1月固定资产折旧表　　　　　　　　　　单位：元

使用部门	折旧入账科目	金额
办公室	管理费用——折旧	3 029
采购部	管理费用——折旧	1 188
销售部	销售费用——折旧	2 000
车间	制造费用——折旧	18 200
合计		24 417

借：管理费用——折旧（办公室）　　　　　　　　　　3 029

　　　　　　——折旧（采购部）　　　　　　　　　　1 188

　　销售费用——折旧　　　　　　　　　　　　　　　2 000

　　制造费用——折旧　　　　　　　　　　　　　　　18 200

　　贷：累计折旧　　　　　　　　　　　　　　　　　　　　24 417

四、操作提示

1. 经查第1笔业务系2019年9月17日华夏公司欠款282 500元，现在收到300 000元，则形成预收款 17 500 元。填制一张收款凭证。

2. 第 4 笔业务在填制凭证时应同时填写存货的数量，如图 5-1 所示。

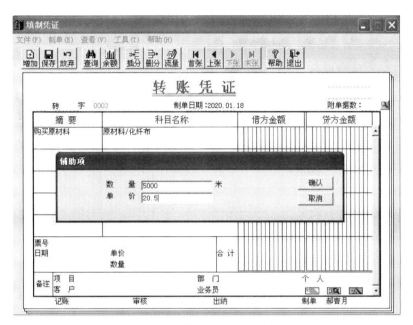

图 5-1　对存货数量核算的处理方法

3. 第 11 笔业务，由于发生了 10 米的定额内损耗，因此，单位成本会提高。在填制凭证时数量可以填入 990，而不填入单价，再在金额栏录入 12 000，则系统会自动计算出该存货的单位成本，如图 5-2 所示。

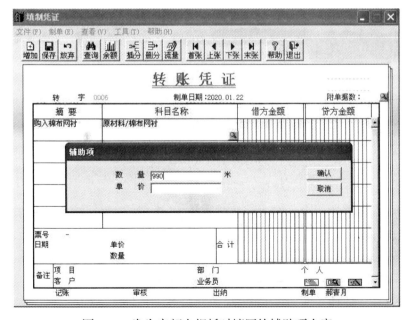

图 5-2　发生定额内损耗时填写的辅助项内容

4. 第 11 笔业务中已计算了的棉布网衬的成本如图 5-3 所示。

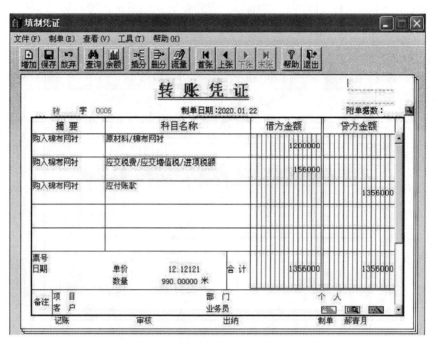

图 5-3 已计算单位成本的存货信息

5. 当填制完成所有的记账凭证之后，则由"ZZ01"（陈天立）审核凭证。由"ZZ04"（张宏予）进行出纳签字，由"ZZ02"（郝青月）记账。

6. 查询到的 2020 年 1 月 16 日至 31 日的科目汇总表如图 5-4 所示。

科目汇总表

日期:2020.01.16-2020.01.31. 共21张凭证,其中作废凭证0张,原始单据共0张　　　　　　　　　　　　　　　　　　　　　　月份:2020.01

科目编码	科目名称	外币名称	计量单位	金额合计 借方	金额合计 贷方	外币合计 借方	外币合计 贷方	数量合计 借方	数量合计 贷方
1001	库存现金				520.00				
1002	银行存款			1,096,820.00	416,640.00				
1122	应收账款			274,620.00	518,120.00				
1123	预付账款			3,500.00	10,000.00				
1403	原材料			134,500.00					
1405	库存商品				14,000.00				
1601	固定资产			1,900.00					
1602	累计折旧				24,417.00				
资产小计				1,511,140.00	983,697.00				
2202	应付账款			331,825.00	119,385.00				
2203	预收账款				317,500.00				
2211	应付职工薪酬			81,315.00	93,139.65				
2221	应交税费			14,885.00	61,620.00				
2231	应付利息				3,600.00				
负债小计				428,025.00	595,244.65				
4001	实收资本				21,900.00				

图 5-4 2020 年 1 月 16 日至 31 日的科目汇总表

7. 查询到的 2020 年 1 月 1 日至 31 日的科目汇总表如图 5-5 所示。

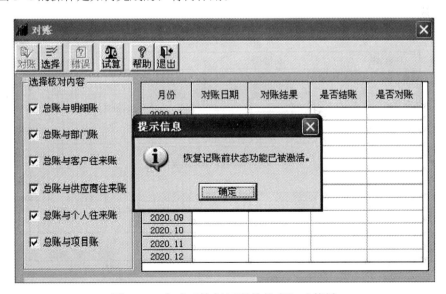

图 5-5　2020 年 1 月 1 日至 31 日科目汇总表

8. 实验五的操作结果已经备份至"上机实验备份／（5）实验五"。

五、拓展任务

1. 找出两种修改记账凭证中辅助项的方法。

2. 图 5-6 的操作是如何完成的？有何作用？

图 5-6　启动"恢复记账前状态"功能键

3. 在什么情况下会出现图 5-7 的提示？应该怎么办？

4. 在什么情况下会出现图 5-8 的提示？如果要继续操作应该怎么办？

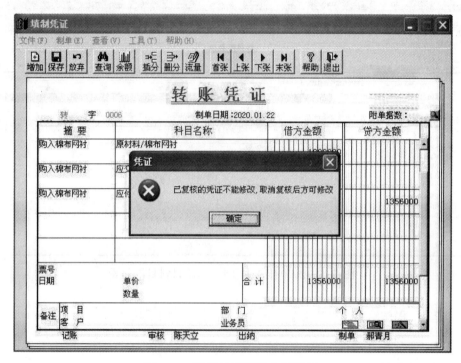

图 5-7　已复核凭证修改的提示

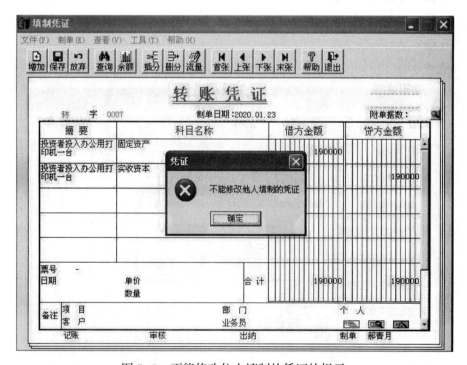

图 5-8　不能修改他人填制的凭证的提示

5. 凭证日期和凭证类别可以修改吗？为什么？

6. 图 5-9 的操作可以继续吗？为什么？

7. 在什么情况下会出现如图 5-10 所示的对话框？其前提是什么？

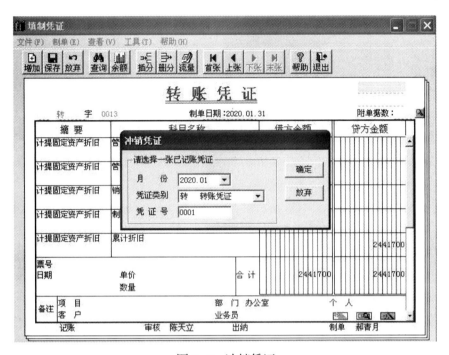

图 5-9　冲销凭证

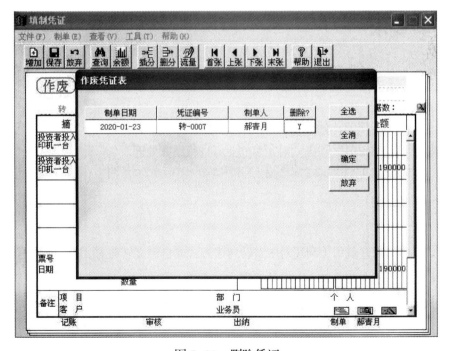

图 5-10　删除凭证

8. 已记账的凭证如果发现有错误应如何进行修改？分别说明有痕迹修改和无痕迹修改的方法。

9. 在什么情况下不允许记账？

实验六　总账期末业务

一、实验目的

每到会计期末企业都需要完成相应的期末业务的处理，比如一些需要账上结转的业务、期末结账等。在电算化方式下，可以利用财务管理软件所拥有的功能，方便地进行期末自动转账凭证的设置并由系统自动生成相应的自动转账凭证。本实验的目的就是利用自定义转账凭证的功能进行期末业务的处理，包括设置自定义转账凭证并生成自定义转账凭证。

二、实验要求

1. 由账套主管"ZZ01"陈天立设置自定义转账凭证并审核已填制的对期末业务处理的转账凭证。

2. 由总账会计"ZZ02"郝青月生成自定义转账凭证，填制转账凭证并记账。

3. 由账套主管"ZZ01"陈天立对 1 月的业务进行结账处理。

三、实验资料

1. 31 日，结转制造费用（利用对应结转转账方式或自定义转账方式）。

2. 31 日，企业本月生产的 500 套运动服全部完工，已办理入库手续。结转完工产品成本（利用自定义转账方式）。

3. 31 日，采用先进先出法结转已销售产品成本。

4. 31 日，设置将本月所发生的"应交税费——应交增值税（销项税额）"减去"应交税费——应交增值税（进项税额）"的差额结转至"应交税费——未交增值税"自定义转账凭证，并生成该凭证。

5. 31 日，结转本月发生的损益类账户的发生额至"本年利润"（利用结转期间损益的转账方式）。

6. 31 日，设置按照"本年利润"贷方余额的 25% 计提当月所得税的自定义转账凭证，并生成该凭证。

四、操作提示

1. 第 1 笔业务可以直接从账上查找"制造费用"的本期发生额，直接结转到"生产成本——制造费用"科目，也可以通过设置自定义转账凭证的形式来完成每个月结转制造费用的转账凭证。设置自定义结转"制造费用"至"生产成本——制造费用"的自定义转账凭证的分录如图 6-1 所示。

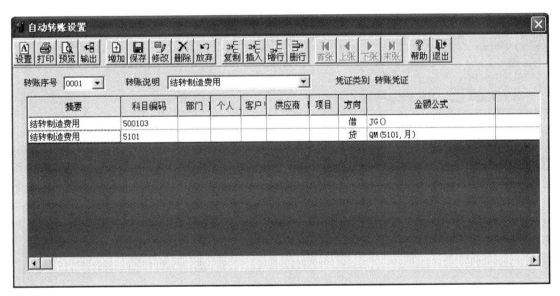

图 6-1　结转制造费用的自定义转账分录

2. 已生成并且审核、记账后的结转制造费用的转账凭证如图 6-2 所示。

3. 第 2 笔业务是完工产品成本，如果企业只生产一种产品，且本月全部完工，则可以通过设置自定义转账凭证的方式，直接生成结转完工产品成本的记账凭证。设置将本月"生产成本"的发生额全部结转至"库存商品"的转账凭证，如图 6-3 所示。

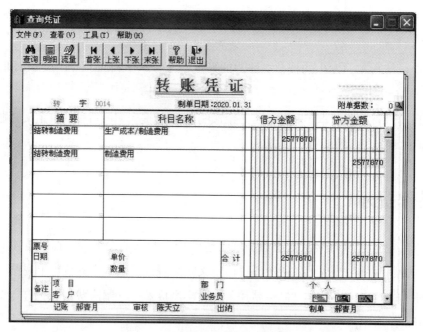

图 6-2　结转制造费用的转账凭证

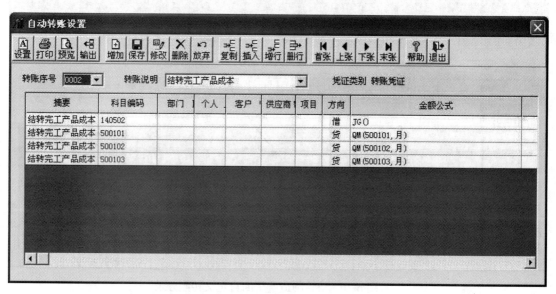

图 6-3　结转生产成本的自定义转账分录

　　4. 已生成并且审核、记账后的结转生产成本的转账凭证如图 6-4 所示。

　　5. 第 3 笔业务销售成本的结转，可以在手工计算出来应该结转的成本之后，直接填制转账凭证。当然，如果企业只销售一种产品，则可以在自定义转账设置中通过设置"销售成本"的转账分录，直接结转销售成本。本企业库存商品的计价方法是先进先出法，本月共计销售运动服 1 800 套（期初结存 8 000 套，单位成本为 100 元），应结转成本 180 000 元；本月销售衬衣 300 件（期初结存 5 000 件，单位成本为 70 元），应结转成本 21 000 元。已填制并且审核、记账后的结转销售成本的转账凭证如图 6-5 所示。

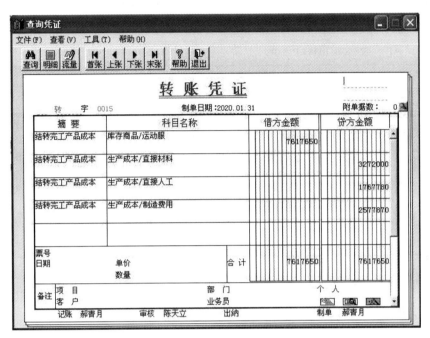

图 6-4　结转生产成本的转账凭证

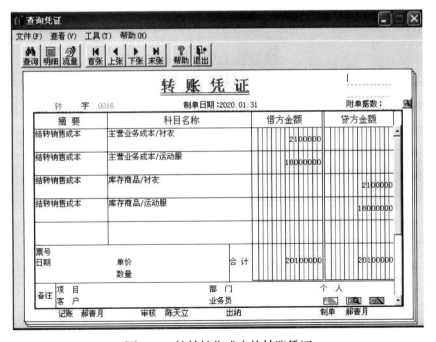

图 6-5　结转销售成本的转账凭证

6. 第4笔业务结转未交增值税的自定义转账分录设置如图6-6所示。

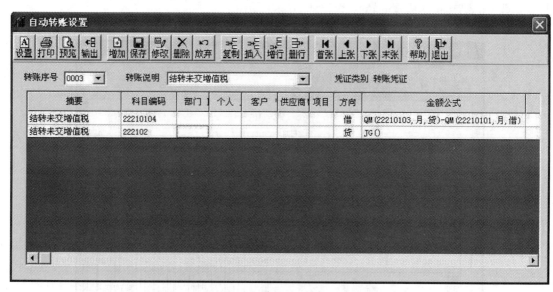

图6-6 结转未交增值税的自定义转账分录

7. 已生成并且审核、记账后的结转未交增值税的转账凭证如图6-7所示。

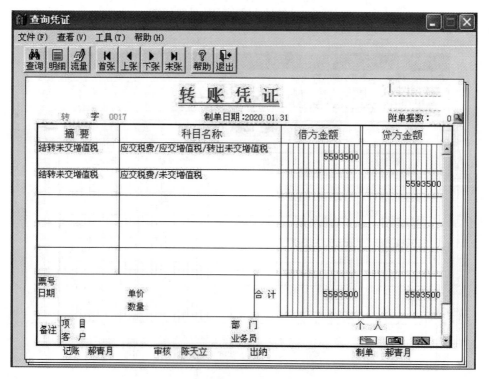

图6-7 结转未交增值税的转账凭证

8. 第 5 笔业务，结转本月发生的损益类账户的发生额至"本年利润"的转账凭证，如图 6-8 所示。

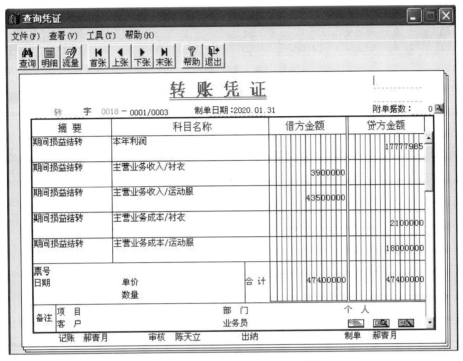

图 6-8 结转期间损益的转账凭证

9. 第 6 笔业务，按照"本年利润"贷方余额的 25% 计提当月所得税的自定义转账凭证，如图 6-9 所示。

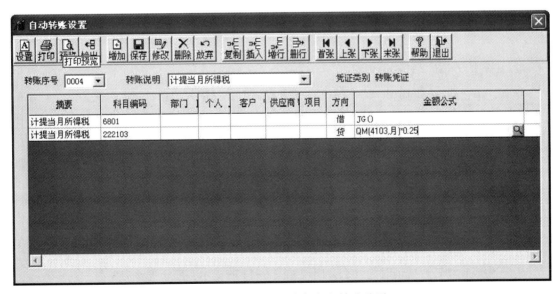

图 6-9 计提当月所得税的自定义转账分录

10. 已生成并且审核、记账后的计提当月所得税费用的转账凭证如图 6-10 所示。

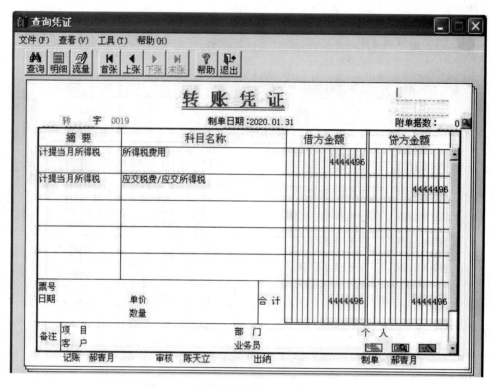

图 6-10 计提当月所得税的转账凭证

11. 实验六的操作结果已经备份至"上机实验备份／（6）实验六"。

五、拓展任务

1. 怎样进行自定义转账设置？

例如，本企业按"固定资产"原值的 5% 计提折旧，并记入"累计折旧"账户。

2. 如果将制造费用分别按 50% 的比例转入"生产成本"科目项下的甲产品和乙产品，应如何设置对应结转的转账凭证？

3. 在设置对应结转的转账凭证时，转出科目可以是两个吗？为什么？

4. 怎样进行销售成本结转设置？要想进行销售成本的结转，应对哪些科目进行"数量"核算的设置？为什么？

5. 试说出三个可以进行自动转账设置的业务。

6. 在生成自动转账凭证时为什么会出现如图 6-11 的提示？应该怎么办？

7. 在生成自动转账凭证时为什么会出现如图 6-12 的提示？应该怎么办？

图 6-11 有未记账凭证的提示

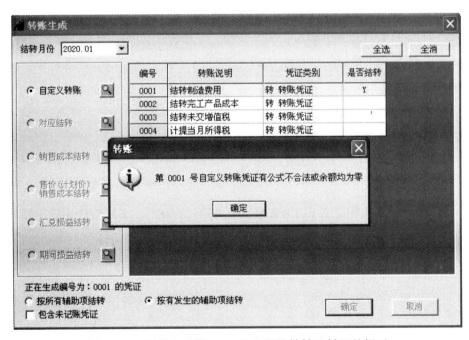

图 6-12 不能生成第0001号对应结转转账凭证的提示

8. 如果企业只使用总账和报表系统,而此时同时启用了工资系统,这样对总账系统的结账会有何影响?

实验七　总账业务（2月）

一、实验目的

世纪天成公司已经顺利地完成了1月总账日常业务和期末业务的处理，接下来的业务处理应该如何进行呢？本实验的目的就是在企业开始使用财务管理软件完成了全部的系统初始化并进行了一个月的业务处理之后，完成日常业务处理和期末业务处理。

二、实验要求

1. 由"ZZ02"（郝青月）填制或生成凭证、记账。
2. 由"ZZ01"（陈天立）审核凭证。
3. 由"ZZ04"（张宏予）进行出纳签字。
4. 由"ZZ02"（郝青月）记账。

三、实验资料

1. 5日，办公室李芳参加交流会，预借差旅费3 000元。

借：其他应收款——应收职工借款 　　　　　　　　　　　　　　　3 000

　　贷：库存现金 　　　　　　　　　　　　　　　　　　　　　　　　3 000

2. 7日，生产衬衣领用化纤布1 000米，棉布网衬600米，车间管理用棉布网衬30米，销售中心用化纤布90米。

借：生产成本——直接材料（衬衣） 　　　　　　　　　　　　　　26 440

　　制造费用 　　　　　　　　　　　　　　　　　　　　　　　　　372

　　销售费用 　　　　　　　　　　　　　　　　　　　　　　　　　1 710

　　贷：原材料——化纤布 　　　　　　　　　　　　　　　　　　　20 710

　　　　　　——棉布网衬 　　　　　　　　　　　　　　　　　　　7 812

3. 11日，办公室以现金支付上月饮用水费380元。

借：管理费用——其他 　　　　　　　　　　　　　　　　　　　　380

　　贷：库存现金 　　　　　　　　　　　　　　　　　　　　　　　　380

4. 16 日，开出现金支票，从招商银行提取现金 3 000 元备用。（现金支票号：0334）

借：库存现金   3 000

  贷：银行存款——招商银行存款   3 000

5. 17 日，开出转账支票（支票号：1865），支付本月职工工资 86 409.50 元。2月工资情况如表 7-1 所示。

表7-1　2月工资情况表   单位：元

序号	部门	人员类别	人员属性	应发合计	扣款	实发合计
1	办公室	行政人员	正式职工	15 460.00	452.00	15 008.00
2	财务部	行政人员	正式职工	18 380.00	338.00	18 042.00
3	采购部	业务人员	正式职工	11 780.00	480.00	11 300.00
4	采购部	业务人员	临时人员	3 600.00	5.00	3 595.00
5	销售部	业务人员	正式职工	6 040.00	256.00	5 784.00
6	销售部	业务人员	临时人员	4 700.00	95.00	4 605.00
7	仓库管理部	业务人员	正式职工	5 530.00	179.50	5 350.50
8	车间	行政人员	正式职工	6 820.00	373.00	6 447.00
9	车间	生产人员	正式职工	11 780.00	467.00	11 313.00
10	车间	生产人员	临时人员	5 100.00	135.00	4 965.00
11	合计			89 190.00	2 780.50	86 409.50

借：应付职工薪酬——薪酬   86 409.50

  贷：银行存款——招商银行存款   86 409.50

6. 20 日，办公室主任召开股东大会，报销餐费 890 元，开出转账支票（支票号：1866）支付款项。

借：管理费用——其他   890

  贷：银行存款——招商银行存款   890

7. 23 日，向华夏公司销售运动服 150 件，不含税单价 320 元，开出增值税专用发票（增值税税率为 13%）一张，收到支票一张，已入账。

借：银行存款——招商银行存款   54 240

  贷：主营业务收入——运动服   48 000

    应交税费——应交增值税（销项税额）   6 240

8. 24 日，办公室李芳出差回来报销差旅费 2 700 元，归还现金 300 元。

借：管理费用——差旅费   2 700

    库存现金   300

    贷：其他应收款——应收职工借款   3 000

9. 27 日，计提固定资产折旧如表 7-2 所示。

表7-2 固定资产折旧表   单位：元

使用部门	金额
办公室	3 029.00
采购部	1 251.27
销售部	2 000.00
车间	18 200.00
合计	24 480.27

借：管理费用——折旧费（办公室）   3 029

    ——折旧费（采购部）   1 251.27

    ——折旧费（销售部）   2 000

    制造费用   18 200

    贷：累计折旧   24 480.27

四、操作提示

1. 将系统日期调整为 2020 年 2 月 29 日，由总账会计"ZZ02"（郝青月）登录到 900 账套填制记账凭证。

2. 第 2 笔业务是生产领用原材料的记账凭证，企业原材料的领用采用先进先出法计算成本。经查账得知，棉布网衬的单位成本为"12.40 元"，化纤布的单位成本为"19 元"。已填制并且审核记账后的领用原材料的记账凭证如图 7-1 所示。

3. 由"ZZ01"（陈天立）审核凭证，由"ZZ04"（张宏予）进行出纳签字，最后再由"ZZ02"（郝青月）记账。

4. 已经填制并且审核记账后的 2 月的记账凭证如图 7-2 所示。

5. 实验七的操作结果已经备份至"上机实验备份／（7）实验七"。

图 7-1　领用原材料的记账凭证

查询凭证

凭证共 9 张　已审核 9 张　未审核 0 张

制单日期	凭证编号	摘要	借方金额合计	贷方金额合计	制单人	审核人
2020.02.23	收 - 0001	华夏公司销售运动服	54,240.00	54,240.00	郝青月	陈天立
2020.02.24	收 - 0002	报销差旅费	3,000.00	3,000.00	郝青月	陈天立
2020.02.05	付 - 0001	李芳预借差旅费	3,000.00	3,000.00	郝青月	陈天立
2020.02.11	付 - 0002	支付上月饮用水费	380.00	380.00	郝青月	陈天立
2020.02.16	付 - 0003	提取现金备用	3,000.00	3,000.00	郝青月	陈天立
2020.02.17	付 - 0004	支付本月职工工资	86,409.50	86,409.50	郝青月	陈天立
2020.02.20	付 - 0005	股东大会报销餐费	890.00	890.00	郝青月	陈天立
2020.02.07	转 - 0001	领用原材料	28,522.00	28,522.00	郝青月	陈天立
2020.02.27	转 - 0002	计提固定资产折旧	24,480.27	24,480.27	郝青月	陈天立

确定　退出

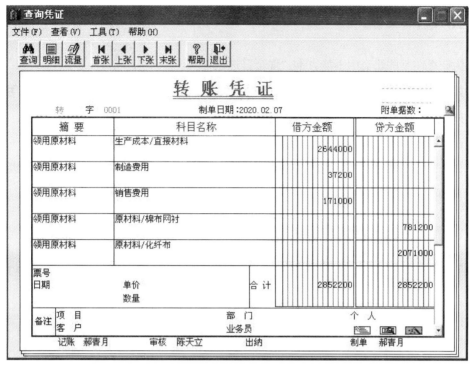

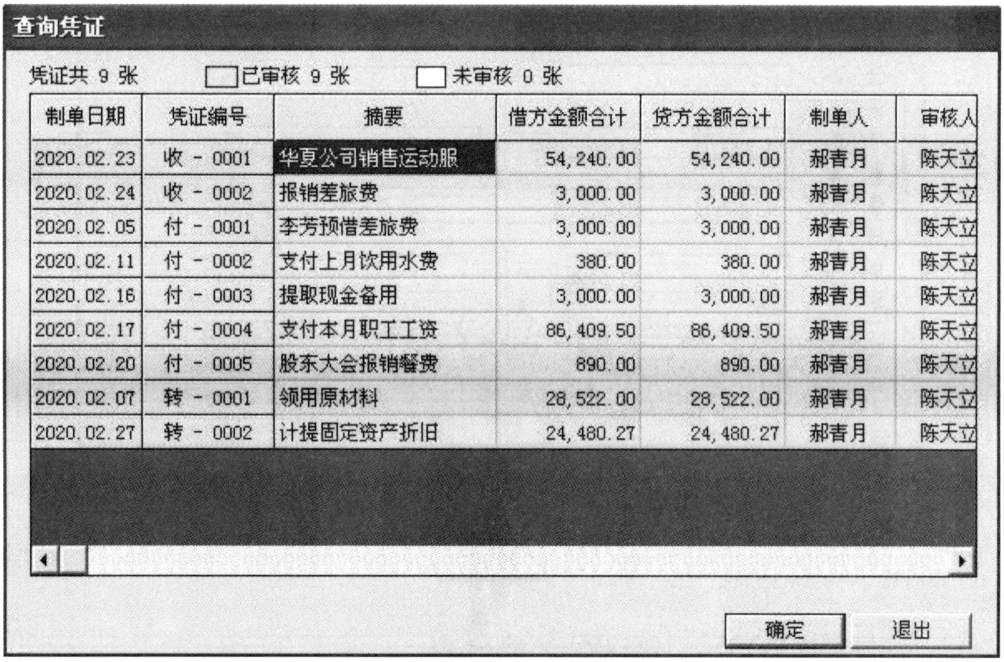

图 7-2　已填制的 2 月记账凭证

五、拓展任务

1. 为什么在某些账套中不能查询"现金日记账"?

2. 如何查询辅助账?(客户往来辅助账的查询、个人往来账和部门辅助账的查询等)

3. 如何对往来账进行两清处理?有何作用?

4. 在查账时可以查询包含未记账的凭证,有何作用?

5. 试一试【总账】|【凭证】|【查询凭证】中"辅助条件"查询的作用。可以进行辅助条件查询的内容如图7-3所示。

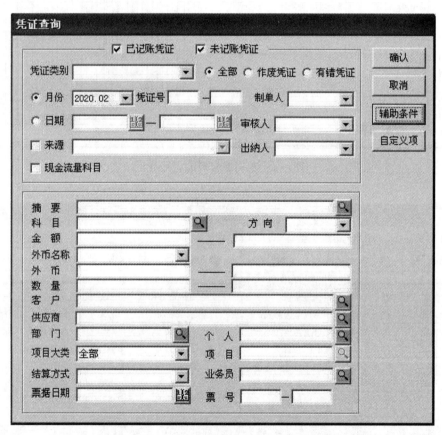

图7-3 可供辅助条件查询的内容

6. 如何查询科目汇总表?

7. 怎样做部门收支分析?

8. 应该如何查看分时间段的科目汇总表?如查看每月1日至10日的科目汇总表等。

9. 试一试查询"管理费用""2020年1月至2月""多栏账",如图7-4所示。

10. 如何能够实现在多栏账中同时显示分别有借方和贷方发生额的多栏账?如"应交税

费——应交增值税”的多栏账。试一试图 7-5 是如何操作的。

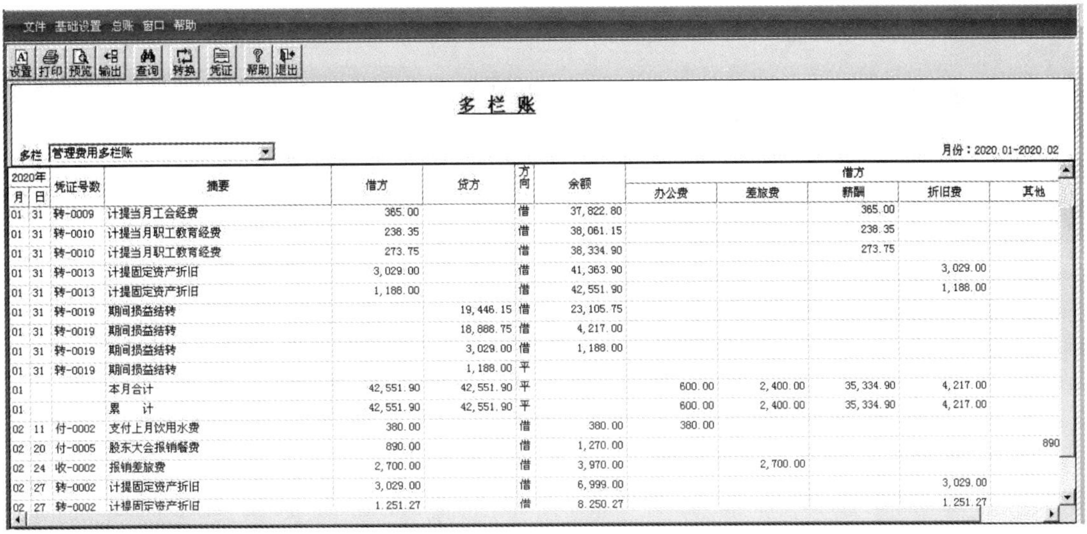

2020年 月	日	凭证号数	摘要	借方	贷方	方向	余额	借方 办公费	借方 差旅费	借方 薪酬	借方 折旧费	借方 其他
01	31	转-0009	计提当月工会经费	365.00		借	37,822.80			365.00		
01	31	转-0010	计提当月职工教育经费	238.35		借	38,061.15			238.35		
01	31	转-0010	计提当月职工教育经费	273.75		借	38,334.90			273.75		
01	31	转-0013	计提固定资产折旧	3,029.00		借	41,363.90				3,029.00	
01	31	转-0013	计提固定资产折旧	1,188.00		借	42,551.90				1,188.00	
01	31	转-0019	期间损益结转		19,446.15	借	23,105.75					
01	31	转-0019	期间损益结转		18,888.75	借	4,217.00					
01	31	转-0019	期间损益结转		3,029.00	借	1,188.00					
01	31	转-0019	期间损益结转		1,188.00	平						
01			本月合计	42,551.90	42,551.90	平		600.00	2,400.00	35,334.90	4,217.00	
01			累 计	42,551.90	42,551.90	平		600.00	2,400.00	35,334.90	4,217.00	
02	11	付-0002	支付上月饮用水费	380.00		借	380.00	380.00				
02	20	付-0005	股东大会报销餐费	890.00		借	1,270.00					890
02	24	收-0002	报销差旅费	2,700.00		借	3,970.00		2,700.00			
02	27	转-0002	计提固定资产折旧	3,029.00		借	6,999.00				3,029.00	
02	27	转-0002	计提固定资产折旧	1,251.27		借	8,250.27				1,251.27	

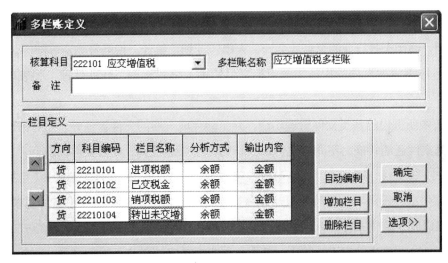

图 7-4 管理费用多栏账

图 7-5 “应交税费——应交增值税”多栏账的设置

第 3 单元
财务报表管理

 功能概述

　　财务报表是通用电子表格软件，既可以独立使用，也可以和财务管理软件的其他模块结合使用，适用于各行业的财务、会计、人事、计划、统计、税务及物资等部门。

　　财务报表管理系统的功能主要包括文件管理、格式管理、数据处理、图表功能及打印等。

　　系统中所提供的各类文件管理功能，除了能完成一般的文件管理外，财务报表电子表格的数据文件还能转换为不同的文件格式，如 Access 文件、MS 文件、Excel 文件以及 Lotus1-2-3 文件；格式设计功能可以设置报表尺寸、组合单元、画表格线（包括斜线）、调整行高列宽、设置字体和颜色以及设置显示比例等，可以制作出满足各种要求的报表。财务报表以固定的格式管理大量的不同表页，能将多达 99 999 张具有相同格式的报表资料统一在一个报表文件中进行管理，并且在每张表页之间建立有机的联系。此外，还提供排序、审核、舍位平衡以及汇总功能；通过绝对单元公式和相对单元公式，可以方便、迅速地定义计算公式；通过种类丰富的函数，可在系统向导的引导下轻松地从财务及其他子系统中提取数据，生成财务报表。采用"图文混排"，可以很方便地进行图形数据组织，制作包括直方图、立体图、圆饼图及折线图等 10 种图式的分析图表。图表的位置、大小、标题、字体和颜色等可以进行编辑，并可打印输出图表。

　　系统中提供了 40 个行业的标准财务报表模板。如果标准行业报表仍不能满足需要，系统还提供了自定义模板的功能，可以根据本单位的实际需要定制模板。

主要任务

　　系统学习财务报表的主要功能及其作用。能够完成自定义报表的设计并生成报表数据；能够利用报表模板生成报表数据；能够了解在出现操作错误时的处理思路和方法。财务报表管理单元的主要任务如下图所示。

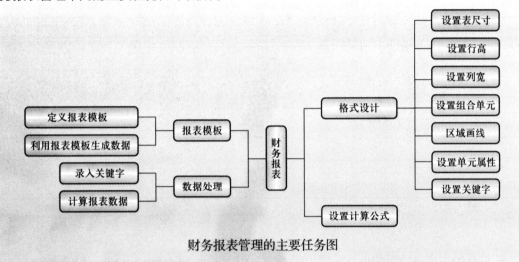

财务报表管理的主要任务图

实验八　自定义报表

一、实验目的

　　世纪天成公司已经使用畅捷通 T3 企业管理软件完成了系统管理与基础设置、总账系统初始化、总账系统日常业务处理和期末业务处理的操作。而无论是手工操作还是计算机操作，企业每到会计期末都要编制会计报表。本实验的目的是了解在电算化方式下，在财务报表系统中自定义报表的方法。

二、实验要求

　　由账套主管"ZZ01"（陈天立）定义"管理费用部门明细统计表"和"应收款明细统计表"。

三、实验资料

1. 管理费用部门明细统计表如表8-1所示。

表8-1　管理费用部门明细统计表

编制单位：　　　　　　　　　　年　　月　　日　　　　　　　　单位：

部门	薪资	福利费	差旅费	招待费	其他
办公室					
采购部					
销售部					
一车间					
二车间					

编制人：

2. 应收款明细统计表如表8-2所示。

表8-2　应收款明细统计表

编制单位：　　　　　　　　　　年　　月　　日　　　　　　　　单位：

客户	应收账款	其中：前期	应收票据	其中：前期	其他应收款	其中：前期
世纪晨光公司						
华夏公司						
中建公司						
聚力公司						
永连泰公司						

编制人：

四、操作提示

1. 设置"管理费用部门明细统计表"。在财务报表系统中新建一张表，建议"9行6列"。

2. 行高、列宽、项目内容及关键字自行设置。录入所有表样内容。

3. 在报表的"格式"状态下，在【数据】|【编辑公式】|【单元公式】中设置报表的单

元公式。

4. 设置"管理费用部门明细统计表"中"薪资""福利费"及"差旅费"计算公式如表8-3所示。

5. 参考表8-3的内容，继续设置管理费用部门明细统计表中"招待费"和"其他"项目的计算公式。其中"管理费用——招待费"的科目编码为"660204"，"管理费用——其他"的科目编码为"660205"。

6. 设置应收款明细统计表。

在财务报表系统中新建一张表。建议"8行7列"，行高、列宽、项目内容及关键字自行设置。

7. "应收款明细统计表"中部分计算公式如表8-4所示。

8. 参考表8-4的内容，继续设置"应收款明细统计表"中"其他应收款"和"其中：前期"项目的计算公式。其中"其他应收款"的科目编码为"1221"。

9. 在【数据】|【关键字】|【设置】中设置"编制单位"及"年""月"等关键字。

10. 实验八的操作结果已经存备份至"上机实验备份／（8）实验八备份"中。

五、拓展任务

1. 应如何确定要定义的报表的行数和列数？
2. 试说出三种报表中所使用的财务函数及其意义。
3. 设计一张自定义报表，并利用总账数据生成报表数据。
4. 在什么状态下可以插入或追加表页？
5. 在什么状态下可以插入或追加表的行或列？
6. 如何进行行或列交换？
7. 如何为报表格式加锁？有什么作用？

表8-3　管理费用部门明细统计表

年　　月

编制单位：

部门	薪资	福利费	差旅费
办公室	FS ("660201", 月, "借", ,, "101", ,)	FS ("660202", 月, "借", ,, "101", ,)	FS ("660203", 月, "借", ,, "101", ,)
财务部	FS ("660201", 月, "借", ,, "102", ,)	FS ("660202", 月, "借", ,, "102", ,)	FS ("660203", 月, "借", ,, "102", ,)
采购部	FS ("660201", 月, "借", ,, "201", ,)	FS ("660202", 月, "借", ,, "201", ,)	FS ("660203", 月, "借", ,, "201", ,)
销售部	FS ("660201", 月, "借", ,, "202", ,)	FS ("660202", 月, "借", ,, "202", ,)	FS ("660203", 月, "借", ,, "202", ,)
仓库管理部	FS ("660201", 月, "借", ,, "203", ,)	FS ("660202", 月, "借", ,, "203", ,)	FS ("660203", 月, "借", ,, "203", ,)
二车间	FS ("660201", 月, "借", ,, "204", ,)	FS ("660202", 月, "借", ,, "204", ,)	FS ("660203", 月, "借", ,, "204", ,)

表8-4　应收款明细统计表

年　月　日

编制单位：

客户	应收账款	其中：前期	应收票据	其中：前期
世纪晨光公司	QM ("1122", 月,,, "KH01",,,,,)	QC ("1122", 月,,, "KH01",,,,,)	QM ("1121", 月,,, "KH01",,,,,)	QC ("1121", 月,,, "KH01",,,,,)
华夏公司	QM ("1122", 月,,, "KH02",,,,,)	QC ("1122", 月,,, "KH02",,,,,)	QM ("1121", 月,,, "KH02",,,,,)	QC ("1121", 月,,, "KH02",,,,,)
中建公司	QM ("1122", 月,,, "KH03",,,,,)	QC ("1122", 月,,, "KH03",,,,,)	QM ("1121", 月,,, "KH03",,,,,)	QC ("1121", 月,,, "KH03",,,,,)
聚力公司	QM ("1122", 月,,, "KH04",,,,,)	QC ("1122", 月,,, "KH04",,,,,)	QM ("1121", 月,,, "KH04",,,,,)	QC ("1121", 月,,, "KH04",,,,,)
永连泰公司	QM ("1122", 月,,, "KH05",,,,,)	QC ("1122", 月,,, "KH05",,,,,)	QM ("1121", 月,,, "KH05",,,,,)	QC ("1121", 月,,, "KH05",,,,,)

实验九 利用报表模板生成财务报表

一、实验目的

在财务报表系统中提供了 40 个行业的标准财务报表模板。世纪天成公司准备充分利用系统中提供的模板生成企业对外报送和内部的报表。本实验的目的是利用报表模板生成会计报表。

二、实验要求

由账套主管"ZZ01"（陈天立）利用报表模板分别生成如下财务报表。

1. 1 月的资产负债表。

2. 1 月的利润表。

3. 2 月的资产负债表。

4. 2 月的利润表。

三、实验资料

1. 账套号：900。

2. 单位名称：北京世纪天成有限责任公司。

3. 执行的会计制度为"一般企业（2007 年新会计准则）"。

四、操作提示

1. 在财务报表系统中新建一张"一般企业 2007 新会计准则"的资产负债表。在格式状态下修改"未分配利润"的"期末余额"和"年初余额"的计算公式。"未分配利润"的"期末余额"的计算公式如图 9-1 所示。

2. 在数据状态下录入 1 月资产负债表的关键字，如图 9-2 所示。

3. 生成的 1 月的资产负债表如图 9-3 所示。

4. 生成的 1 月的利润表如图 9-4 所示。

图 9-1 修改未分配利润期末余额的单元公式

图 9-2 1月资产负债表的关键字

资产负债表

单位名称:北京世纪天成有限责任公司		2020 年	1 月		31 日	合企01表 单位:元	
资　　产	期末余额	年初余额	负债及所有者权益(或股东权益)		期末余额	年初余额
流动资产:			流动负债:			
货币资金	4,029,935.00	3,144,365.00	短期借款		60,000.00	
交易性金融资产			交易性金融负债			
应收票据			应付票据			
应收账款	378,000.00	791,000.00	应付账款		13,560.00	226,000.00
预付款项	3,500.00		预收款项		317,500.00	
应收利息			应付职工薪酬		11,824.65	
应收股利			应交税费		103,895.96	25,106.00
其他应收款	55,000.00	57,000.00	应付利息		3,600.00	
存货	1,269,956.50	1,307,000.00	应付股利			
一年内到期的非流动资产			其他应付款			
其他流动资产			一年内到期的非流动负债			
流动资产合计	5,736,391.50	5,299,365.00	其他流动负债			
非流动资产:			流动负债合计		510,380.61	251,106.00
可供出售金融资产			非流动负债:			
持有至到期投资			长期借款		700,000.00	700,000.00
长期应收款			应付债券			
长期股权投资			长期应付款			
投资性房地产			专项应付款			
固定资产	7,873,988.00	7,896,505.00	预计负债			
在建工程			递延所得税负债			
工程物资			其他非流动负债			
固定资产清理			非流动负债合计		700000.00	700000.00
生产性生物资产			负债合计		1210380.61	951106.00
油气资产			所有者权益(或股东权益):			
无形资产			实收资本(或股本)		12,266,664.00	12,244,764.00
开发支出			资本公积			
商誉			减:库存股			
长期待摊费用			盈余公积			
递延所得税资产			未分配利润		133334.89	
其他非流动资产			所有者权益(或股东权益)合计		12,399,998.89	12,244,764.00
非流动资产合计	7873988.00	7896505.00				
资产总计	13610379.50	13195870.00	负债和所有者权益(或股东权益)总计		13610379.50	13195870.00

图 9-3 生成的1月资产负债表

利润表		
单位名称：北京世纪天成有限责任公司	2020 年 1 月	会企02表 单位：元
项 目	本期金额	上期金额
一、营业收入	474,000.00	
减：营业成本	201,000.00	
税金及附加		
销售费用	35,068.25	
管理费用	42,551,90	
财务费用	3,600.00	
资产减值损失		
加：公允价值变动收益（损失以"－"填列）		
投资收益（损失以"－"填列）		
其中：对联营企业和合营企业的投资收益		
二、营业利润（亏损以"－"号填列）	191,789.85	
加：营业外收入		
减：营业外支出	14,000.00	
其中：非流动资产处置损失		
三、利润总额（亏损总额以"－"号填列）	177,779,85	
减：所得税费用	44,444.96	
四、净利润（净卖出损以"－"号填列）	133,334.89	
五、每股收益：		
（一）基本每股收益		
（二）稀释每股收益		

图 9-4 生成的 1 月利润表

5. 再分别生成 2 月的资产负债表和利润表。此时需要注意，由于此时企业只对 2 月所发生的部分业务进行了账务处理，因此，此时的会计报表数据还不完全，其中，由于还未结转期间损益等，所以，资产负债表的数据是不平衡的，而利润表的数据也不完全。另外，在生成"利润表"数据时应将系统日期调整为要生成报表的月份，否则，不能生成相应会计月份的报表。即要想生成 2 月的"利润表"，除了要录入关键字 2 月，还要将系统日期调整为 2020年 2 月 29 日。

6. 实验九的操作结果已经存备份至"上机实验备份／（9）实验九备份"中。

五、拓展任务

1. 已调用的适合"一般企业（2007 年新会计准则）"的"资产负债表"有哪些计算公式需要修改？

2. 已调用的适合"一般企业（2007 年新会计准则）"的"利润表"有哪些计算公式需要修改？

3. 在生成 2 月的会计报表前应完成哪些期末业务处理？

4. 应如何随时调出不同月份的会计报表？

5. 如果"资产负债表"中的资产不等于负债加所有者权益，即报表不平，最有可能的原因是什么?

6. 如果资产负债的期末余额与年初余额相同,为什么?

7. 在生成报表数据时提示计算公式错误,或未生成报表数据,最有可能的原因有哪些?

8. 应如何将已生成的会计报表另存为 Excel 格式?

9. 是否将报表的"编制单位"设置为关键字? 作用有何不同?

10. 在什么状态下可以给文件设置口令? 有什么作用?

11. 在报表的格式状态下可以完成哪些初始设置?

12. 应如何将财务报表中的关键字向左右偏移?

13. 应如何修改单元公式?

14. 在报表数据处理状态下可以完成哪些操作?

综合实验一

一、实验目的

在系统学习了系统管理、基础设置、总账系统初始化、总账系统日常业务处理和期末业务处理及财务报表的编制方法后，有必要检验一下学习者对这些内容的掌握程度。此实验的目的是对系统管理、基础设置、总账和报表系统的学习效果进行全面复习和检测。在学校中也可以作为第一个阶段学习的测试内容。

二、实验要求

要求学习者按照给定的财务分工分别完成从系统初始化、基础设置、总账业务处理到会计报表编制的全部工作内容。

三、实验资料

四方股份有限公司坐落在北京市海淀区上地路 3 号，执行小企业会计制度。自 2020 年开始使用畅捷通 T3 财务管理软件。

（一）操作员及账套信息

1. 设置操作员及其权限如下：

编号	姓名	口令	所属部门	权限
CW01	王方	001	财务部	账套主管的全部权限
CW02	李勇	002	财务部	公用目录设置、总账
CW03	杨兰	003	财务部	"现金管理"及"总账"系统中填制凭证（GL0201）、出纳签字（GL0203）的权限

2. 账套信息如下：

账套号：111；

账套主管：王方；

基础信息：对客户进行分类。

分类编码方案如下：

科目编码级次：4222；

客户分类编码级次：123；

部门编码级次：122；

启用"总账"系统（启用日期为 2020 年 1 月 1 日）。

（二）基础设置

1. 设置部门档案如下：

部门编码	部门名称
1	综合部
2	财务部
3	市场部
301	采购部
302	销售部
4	加工车间

2. 职员档案如下：

职员编码	职员姓名	所属部门
1	张宏	综合部
2	江涛	综合部
3	王方	财务部
4	李勇	财务部
5	杨兰	财务部
6	宋风	采购部
7	张伟	销售部

3. 客户分类如下：

类别编码	类别名称
1	本地
2	外地

4. 客户档案如下：

客户编码	客户简称	所属分类
01	强胜公司	1本地
02	同达公司	1本地
03	亿力公司	2外地
04	银飞集团	2外地

5. 供应商档案如下：

供应商编码	供应商简称	所属分类
01	力兴公司	00
02	光明公司	00

（三）总账系统初始化

1. 会计科目。

（1）指定科目："1001 库存现金"为现金总账科目、"1002 银行存款"为银行总账科目。

（2）增加会计科目如下：

科目编码	科目名称	辅助账类型
100201	工行存款	日记账 银行账
113301	职工借款	个人往来
550201	办公费	部门核算
550202	差旅费	部门核算
550203	工资	部门核算
550204	折旧费	部门核算
550205	其他	

（3）修改会计科目。

"1131 应收账款"科目辅助账类型为"客户往来"（无受控系统）；"2121 应付账款"科目辅助账类型为"供应商往来"（无受控系统）；"1111 应收票据"科目辅助账类型为"客户往来"（无受控系统）；"2111 应付票据"科目辅助账类型为"供应商往来"（无受控系统）。

2. 设置凭证类别如下：

类别名称	限制类型	限制科目
收款凭证	借方必有	1001，1002
付款凭证	贷方必有	1001，1002
转账凭证	凭证必无	1001，1002

3. 期初余额。

库存现金：14 000（借）；

工行存款：196 000（借）；

职工借款——宋风：10 000（借）；

库存商品：60 000（借）；

短期借款：60 000（贷）；

实收资本：220 000（贷）。

4. 结算方式如下：

结算方式编码	结算方式名称
1	现金结算
2	支票结算
201	现金支票
202	转账支票
3	商业承兑汇票

5. 总账系统的参数为"不允许修改、作废他人填制的凭证"；"出纳凭证必须经由出纳签字"。

6. 常用摘要如下：

摘要编码	摘要内容
1	报销差旅费
2	提现金
3	业务借款

（四）2020年1月经济业务

1. 1月8日，以现金支付办公费800元。

借：管理费用——办公费（550201）（财务部）　　　　　　　800

　　贷：库存现金（1001）　　　　　　　　　　　　　　　　　　800

2. 1月8日，以工行存款3 300元支付销售部修理费。

借：销售费用（5501）　　　　　　　　　　　　　　　　　3 300

　　贷：银行存款——工行存款（100201）（转账支票4455）　　3 300

3. 1月12日，销售给强胜公司库存商品一批，货税款67 800元（货款60 000元，税款7 800元）尚未收到。

借：应收账款（1131）（强胜公司）　　　　　　　　　　67 800

　　贷：主营业务收入（5101）　　　　　　　　　　　　　60 000

　　　　应交税费——应交增值税（销项税额）（21710106）　7 800

4. 1月22日，收到宋风偿还借款8 000元。

借：库存现金（1001）　　　　　　　　　　　　　　　　　　　　　8 000

　　贷：其他应收款——宋风（113301）　　　　　　　　　　　　　　　8 000

5. 银行对账期初数据

单位日记账余额为 196 000 元，银行对账单期初余额为 200 000 元，银行已收而企业未收的未达账（2019 年 12 月 20 日）4 000 元。

6. 2020 年 1 月的银行对账单如下：

单位：元

日期	结算方式	票号	借方金额	贷方金额	余额
2020.01.08	转账支票	4455		3 300	196 700
2020.01.22	转账支票	1234	6 000		202 700

7. 期末转账的内容。

"应交税费——应交增值税（销项税额）"贷方发生额减去"应交税费——应交增值税（进项税额）"借方发生额转入"应交税额——未交增值税"；"期间损益"转入"本年利润"。

8. 利润表表样内容及计算公式。

（1）利润表表样如下：

	A	B	C	D
1	利润表			
2	单位名称：	年　月		
3	项目	行次	本月数	本年累计数
4	一、主营业务收入	1		
5	减：主营业务成本	4		
6	主营业务税金及附加	5		
7	二、主营业务利润	10		
8	减：营业费用	11		
9	管理费用	15		
10	财务费用	16		
11	三、营业利润	18		
12	减：营业外支出	25		
13	四、利润总额	27		
14	减：所得税	28		
15	五、净利润	30		

（2）报表中的计算公式如下：

位置	单元公式
C4	fs（5101，月，"贷"，，年）
C5	fs（5401，月，"借"，，年）
C6	fs（5402，月，"借"，，年）
C7	C4－C5－C6
C8	fs（5501，月，"借"，，年）
C9	fs（5502，月，"借"，，年）
C10	fs（5503，月，"借"，，年）
C11	C7－C8－C9－C10
C12	fs（5601，月，"借"，，年）
C13	C11－C12
C14	fs（5701，月，"借"，，年）
C15	C13－C14
D4	？ C4+select（？ D4，年@＝年 And 月@＝月+1）
D5	？ C5+select（？ D5，年@＝年 And 月@＝月+1）
D6	？ C6+select（？ D6，年@＝年 And 月@＝月+1）
D7	？ C7+select（？ D7，年@＝年 And 月@＝月+1）
D8	？ C8+select（？ D8，年@＝年 And 月@＝月+1）
D9	？ C9+select（？ D9，年@＝年 And 月@＝月+1）
D10	？ C10+select（？ D10，年@＝年 And 月@＝月+1）
D11	？ C11+select（？ D11，年@＝年 And 月@＝月+1）
D12	？ C12+select（？ D12，年@＝年 And 月@＝月+1）
D13	？ C13+select（？ D13，年@＝年 And 月@＝月+1）
D14	？ C14+select（？ D14，年@＝年 And 月@＝月+1）
D15	？ C15+select（？ D15，年@＝年 And 月@＝月+1）

注：综合实验一的操作结果已经备份至"上机实验备份／综合实验一备份"中。

第4单元
薪资管理

 功能概述

　　薪资管理是每个单位财会部门最基本的业务之一，不仅关系到每个职工的切身利益，也是影响产品成本的重要因素。手工进行工资核算，需要占用财会人员大量的精力和时间，并且容易出错，因此，采用计算机进行工资核算可以有效地提高工资核算的准确性和及时性。使用计算机进行工资核算之前，需要进行工资系统的初始设置，用以建立工资系统的应用环境。在进行初始设置之前，应进行必要的数据准备，如规划企业职工的编码规则，进行人员类别的划分，整理好要设置的工资项目及核算方法，并准备好部门档案、人员档案、基本工资数据等基本信息。

　　薪资管理的日常业务主要包括每月对工资变动的业务处理、个人收入所得税的处理和工资分摊的业务处理。

　　第一次使用薪资管理系统必须将所有人员的基本工资数据录入计算机，每月发生的工资数据变动也在此进行调整，如奖金、扣款信息的录入等。工资变动处理之前，需要事先设置好工资项目及计算公式。

　　个人所得税是根据《中华人民共和国个人所得税法》对个人所得征收的一种税。手工情况下，每个月末财务部门都要对超过扣除基数金额的部分进行计算和纳税申报，系统只提供对工资薪金所得征收所得税的功能。工资分摊是指对当月发生的工资费用进行工资总额的计算、分配及各种经费的计提，并生成记账凭证，传递到总账系统中。

　　薪资管理系统的月末处理的工作主要包括对薪资管理系统进行月末结转处理和凭证及账表查询等。

系统学习薪资管理的基本原理和系统初始化、日常业务处理及期末业务处理的方法。能够根据企业的业务情况设置薪资管理系统的业务参数，进行薪资管理系统的基础设置；能够根据企业的实际情况进行工资变动及工资分摊的处理等；能够了解在出现操作错误时的处理思路和方法。薪资管理的主要任务如下图所示。

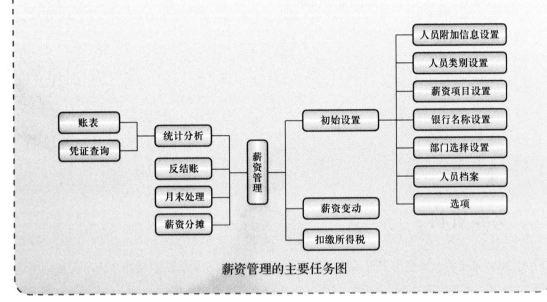

薪资管理的主要任务图

实验十　工资系统初始化

一、实验目的

世纪天成公司自 2020 年 1 月开始使用畅捷通 T3 企业管理软件进行工资业务处理，经过向软件实施工程师咨询得知，在进行工资业务处理之前，应充分了解企业的人员构成、工资构成等情况，为进行每个会计期间的会计业务处理做好准备。本实验的目的就是根据企业的实际需要设置工资系统的参数并进行基础设置。

二、实验要求

1. 恢复"上机实验备份/（3）实验三"的备份。

2. 由900账套主管"ZZ01"（陈天立）在系统管理中启用"工资管理"系统（启用日期2020年1月1日）。

3. 由总账会计"ZZ02"（郝青月）完成如下工资系统的初始设置：

（1）建立工资账套。

（2）设置人员类别。

（3）设置银行信息。

（4）设置附加信息。

（5）设置工资项目。

（6）设置人员档案。

（7）设置计算公式。

三、实验资料

1. 2020年1月1日启用工资系统，只有一个工资类别，从工资中代扣个人所得税，不进行扣零处理，人员编码长度为5位，工资账套的启用日期为"2020年1月1日"。

2. 人员类别为行政人员、业务人员和生产工人。

3. 银行为招商银行，要求录入银行账号时自动带出的账号长度为9位。

4. 人员的附加信息为性别、学历、民族。

5. 工资项目如表10-1所示。

表10-1　工资项目

工资项目名称	类型	长度	小数	增减项
基本工资	数字	8	2	增项
奖金	数字	8	2	增项
交通补贴	数字	8	2	增项
副食补贴	数字	8	2	增项
应发合计	数字	8	2	增项
事假扣款	数字	8	2	减项
病假扣款	数字	8	2	减项

续表

工资项目名称	类型	长度	小数	增减项
缺勤扣款	数字	8	2	减项
社会保险	数字	8	2	减项
住房公积金	数字	8	2	减项
税前工资	数字	8	2	其他
代扣税	数字	8	2	减项
实发合计	数字	8	2	增项
事假天数	数字	8	1	其他
病假天数	数字	8	1	其他
缺勤天数	数字	8	1	其他
日工资	数字	8	1	其他

6. 人员档案信息如表 10-2 所示。成批导入职员档案时，可以把人员类别修改好。

表10-2 人员档案信息

职员编号	职员名称	所属部门	人员类别	性别	学历	民族	银行代发号
ZY001	章露	办公室	行政人员	男	大学本科	汉	12345678001
ZY002	李伟	办公室	行政人员	男	大学本科	汉	12345678002
ZY003	李芳	办公室	行政人员	女	大学本科	汉	12345678003
ZY004	陈天立	财务部	行政人员	男	研究生	汉	12345678004
ZY005	郝青月	财务部	行政人员	女	大学本科	满	12345678005
ZY006	李烨	财务部	行政人员	女	大学本科	汉	12345678006
ZY007	张宏予	财务部	行政人员	男	大学本科	汉	12345678007
ZY008	赵雨同	采购部	业务人员	男	研究生	汉	12345678008
ZY009	周齐	采购部	业务人员	男	大学本科	汉	12345678009
ZY010	邓芳	采购部	业务人员	女	大学本科	壮	12345678010
ZY011	武顺	销售部	业务人员	男	大学本科	汉	12345678011
ZY012	韩亦成	销售部	业务人员	男	大专	汉	12345678012
ZY013	郑西详	仓库管理部	业务人员	男	中专	苗	12345678013
ZY014	徐美芝	车间	行政人员	女	大专	汉	12345678014
ZY015	程东梅	车间	生产工人	女	中专	汉	12345678015
ZY016	赵芝	车间	生产工人	女	中专	汉	12345678016
ZY017	李明月	车间	生产工人	女	中专	汉	12345678017

7. 设置计算公式：

$$日工资 = 基本工资 \div 22$$

$$事假扣款 = 日工资 \times 事假天数 \times 0.8$$

$$病假扣款 = 日工资 \times 病假天数 \times 0.5$$

$$缺勤扣款 = 日工资 \times 缺勤天数$$

$$社会保险 = 应发合计 \times 0.12$$

$$住房公积金 = 应发合计 \times 0.12$$

交通补贴：业务人员每人 300 元，行政人员每人 100 元。

副食补贴：300 元。

四、操作提示

1. 由 900 账套主管"ZZ01"（陈天立）在系统管理中恢复"上机实验备份 /（3）实验三"的备份。启用"工资管理"系统（启用日期 2020 年 1 月 1 日）。

2. 由总账会计"ZZ02"（郝青月）登录 900 账套。单击"工资管理"功能，建立工资账套，设置工资账套的启用日期为"2020 年 1 月 1 日"，如图 10-1 所示。

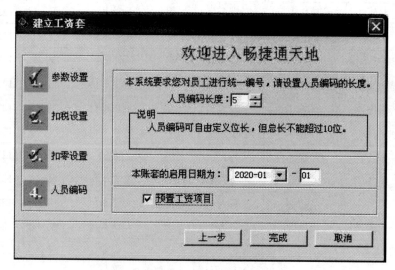

图 10-1　建立工资账套

3. 在【工资】|【设置】|【人员类别设置】中设置人员类别如图 10-2 所示。

4. 分别在【工资】|【设置】|【银行名称设置】和【人员附加信息设置】中分别设置银行名称和人员附加信息。

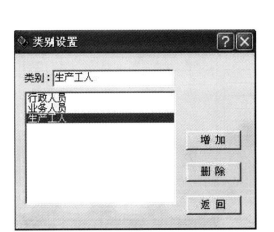

图 10-2 设置人员类别

5. 在【工资】|【设置】|【工资项目设置】中设置工资项目,并将工资项目排序,如图 10-3 所示。

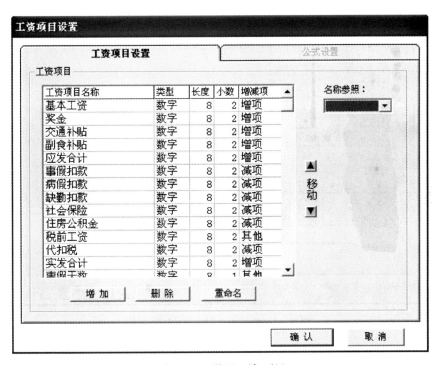

图 10-3 设置工资项目

6. 在【工资】|【设置】|【人员档案】中导入并补充人员档案信息,如图 10-4 所示。

7. 在【工资】|【设置】|【工资项目设置】的"公式设置"页签,设置工资计算公式。在设置计算公式时务必要注意进行"公式确认",否则,所设置的公式不能保存。其中交通补贴的计算公式如图 10-5 所示。

图 10-4   设置人员档案

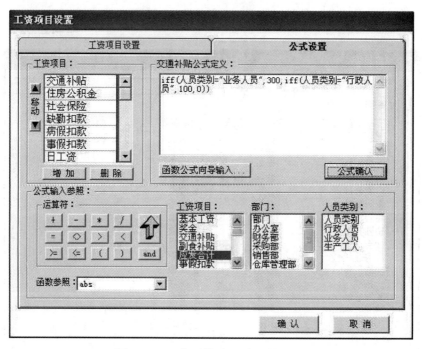

图 10-5   "交通补贴"的计算公式

8. 实验十的操作结果已经备份至"上机实验备份／（10）实验十"。

五、拓展任务

1. 在设置公式时为什么会出现如图 10-6 所示的提示？应该怎么办？

2. 为什么要强调设置工资项目后须正确排序？

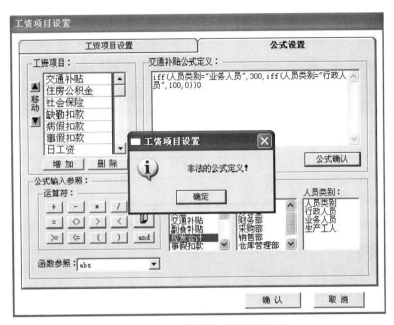

图 10-6　公式定义非法的提示

3. 在进行银行名称设置时，设置"录入时需要自动带出的账号长度"有什么作用？

4. 人员附加信息可以随时增加吗？

5. 在什么情况下工资项目中会出现"本月扣零"和"上月扣零"的工资项目内容？

6. 在什么情况下工资项目中会出现"代扣税"的工资项目内容？

7. 如果本企业约定职工事假缺勤时每缺勤一天扣 100 元的工资，应如何设置计算公式？

实验十一　　工资系统日常业务

一、实验目的

世纪天成公司在完成了工资系统的初始设置之后，便准备使用财务管理软件对日常工资业务进行处理了。此实验的目的是了解在手工方式下所进行的工资业务的处理应该如何在计算机中进行，计算机到底给工资业务处理带来了哪些方便和好处，在进行工资业务的处理时应注意哪些问题。

二、实验要求

1. 由账套主管设置"ZZ02"（郝青月）为 900 账套的"工资类别主管"。

2. 由总账会计同时又是工资账套主管的"ZZ02"（郝青月）完成如下工资系统的日常业务处理。

（1）录入工资数据。

（2）计算工资。

（3）修改个人所得税税率表。

三、实验资料

1. 1 月的工资数据如表 11-1 所示。

表11-1　1月工资数据

职员编号	职员名称	所属部门	人员类别	基本工资/元	奖金/元	交通补贴/元	副食补贴/元	事假天数/天	病假天数/天	缺勤天数/天
ZY001	章露	办公室	行政人员	4 000	2 000					
ZY002	李伟	办公室	行政人员	3 000	1 500					
ZY003	李芳	办公室	行政人员	3 000	1 200				1	
ZY004	陈天立	财务部	行政人员	3 000	1 800					
ZY005	郝青月	财务部	行政人员	3 000	1 400					
ZY006	李烨	财务部	行政人员	3 000	1 000					
ZY007	张宏予	财务部	行政人员	3 000	1 000					
ZY008	赵雨同	采购部	业务人员	4 000	2 000					
ZY009	周齐	采购部	业务人员	3 000	1 700					
ZY010	邓芳	采购部	业务人员	2 000	1 600					
ZY011	武顺	销售部	业务人员	3 000	2 500			2		
ZY012	韩亦成	销售部	业务人员	2 000	3 000					
ZY013	郑西详	仓库管理部	业务人员	3 500	1 500					
ZY014	徐美芝	车间	行政人员	4 500	2 000					
ZY015	程东梅	车间	生产工人	4 000	1 500					
ZY016	赵芝	车间	生产工人	4 000	1 500				1	
ZY017	李明月	车间	生产工人	3 500	1 500					1

2. 七级超额累进税率表如表 11-2 所示。

表11-2 七级超额累进税率表

计税基数5 000元，附加费用0，对应工资项目为税前工资			
级数	含税级距	税率/%	速算扣除数
1	0~1 500	3	0
2	1 500~4 500	10	105
3	4 500~9 000	20	555
4	9 000~35 000	25	1 005
5	35 000~55 000	30	2 755
6	55 000~80 000	35	5 505
7	80 000以上	45	13 505

四、操作提示

1. 由账套主管"ZZ01"（陈天立）登录到 900 账套，在【工资】|【设置】|【权限设置】中，设置"ZZ02"（郝青月）为 900 账套的"工资类别主管"，如图 11-1 所示。

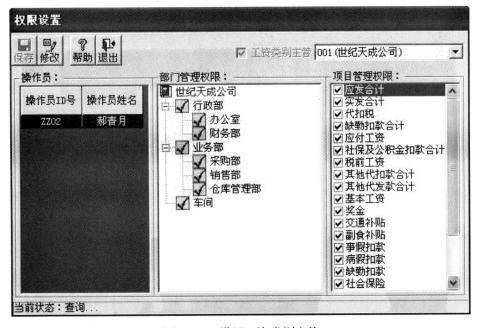

图 11-1 设置工资类别主管

2. 在【工资】|【业务处理】|【工资变动】中录入工资数据并进行计算，如图11-2所示。如要求在"应发合计"后看到代扣税，可单击工具栏【设置】按钮，将"代扣税"工资项目向上移动到"应发合计"下面。另外，先调整税率表才能汇总计算如图11-2所示。

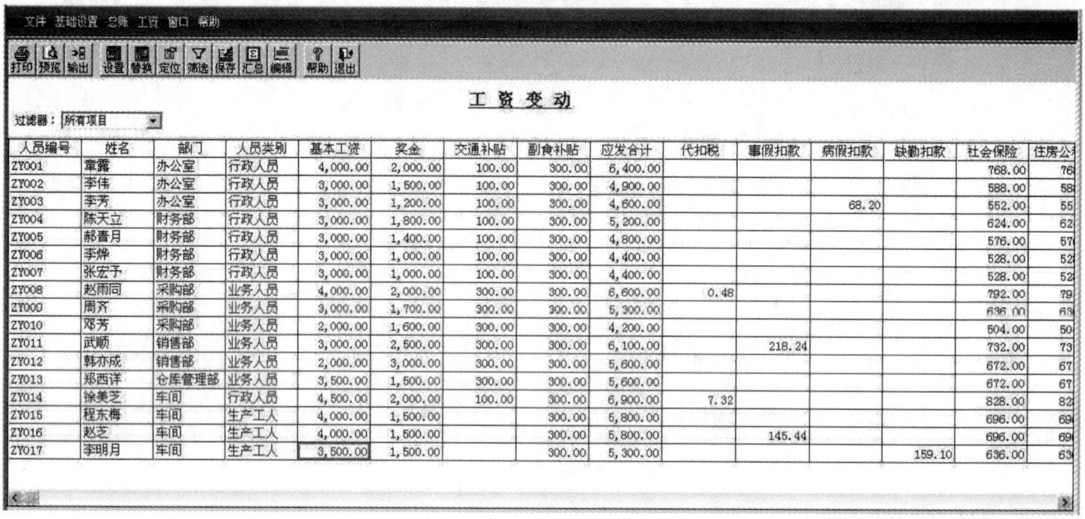

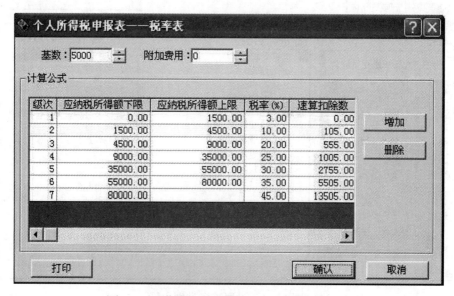

图11-2 录入并计算工资

3. 由于系统中预置的税率表不是现行的税率表，因此，要在原有的税率表的基础上进行修改。在【工资】|【业务处理】|【扣缴所得税】中设置扣税基数及七级超额累进税率表，如图11-3所示。

图11-3 设置扣税基数及七级超额累进税率

实验十一的操作结果已经备份至"上机实验备份／（11）实验十一"。

五、拓展任务

1. 如果本企业管理人员每月有 100 元的通信费补贴，应如何处理？

2. 如果某职工月基本工资额为 6 000 元（无其他工资），扣税基数为 5 000 元，试计算该职工每月应交纳多少个人所得税？按每月工作 21.3 天计算，其日工资额是多少？如果扣税基数修改为 4 000 元，则个人所得税为多少？

3. 如果某企业以 8 000 元的月薪聘用你为其工作，每月按工资总额的 12% 计提住房公积金，按工资总额的 11% 计提三项保险，你每月可得工资多少元？如果扣税基数为 5 000 元，应交纳个人所得税多少元？

4. 如果本月为每一位行政人员增加工资 80 元，应如何操作？

5. 假设 1 月为每位员工增加工资 108 元，应该如何进行处理？

实验十二　工资系统期末业务

一、实验目的

世纪天成公司在完成了工资数据的计算后，还未进行账务处理，还没有形成会计核算的数据资料。此实验的目的是要了解电算化方式下应如何进行工资业务的账务处理，在进行账务处理时应注意哪些问题，月末时除了要进行账务处理外还应完成哪些工作。

二、实验要求

由总账会计"ZZ02"（郝青月）完成如下工资系统的期末业务处理。

1. 进行工资分摊的设置。

2. 生成工资分摊的记账凭证。

3. 进行月末处理（不清零）。

三、实验资料

1. 职工薪酬按部门计入相应的费用。行政部门、采购部和仓库管理部门计入"管理费用——薪酬",销售部门计入"销售费用",车间行政人员计入"制造费用",车间生产工人计入"生产成本——直接人工"(见图 12-1)。

2. 按"应发合计"的 2% 计提工会经费(见图 12-2)。

3. 按"应发合计"的 1.5% 计提职工教育经费(见图 12-3)。

4. 进行月末处理。

四、操作提示

1. 由工资账套的主管"ZZ02"(郝青月)在【工资】|【业务处理】|【工资分摊】中设置分摊职工薪酬,如图 12-1 所示。

2. 设置按"应发合计"的 2% 计提工会经费,如图 12-2 所示。

分摊构成设置

部门名称	人员类别	项目	借方科目	贷方科目
办公室,财务部	行政人员	应发合计	660203	221101
采购部,仓库管理部	业务人员	应发合计	660203	221101
销售部	业务人员	应发合计	6601	221101
车间	行政人员	应发合计	5101	221101
车间	生产工人	应发合计	500102	221101

图 12-1　设置分摊职工薪酬

分摊构成设置

部门名称	人员类别	项目	借方科目	贷方科目
车间	行政人员	应发合计	5101	221103
办公室,财务部	行政人员	应发合计	660205	221103
销售部	业务人员	应发合计	6601	221103
采购部,仓库管理部	业务人员	应发合计	660205	221103
车间	生产工人	应发合计	500102	221103

图 12-2　设置分摊工会经费

3. 设置按"应发合计"的 1.5% 计提职工教育经费，如图 12-3 所示。

分摊构成设置

部门名称	人员类别	项目	借方科目	贷方科目
车间	行政人员	应发合计	5101	221102
办公室,财务部	行政人员	应发合计	660205	221102
销售部	业务人员	应发合计	6601	221102
采购部,仓库管理部	业务人员	应发合计	660205	221102
车间	生产工人	应发合计	500102	221102

〈上一步   完成   取消

图 12-3 设置分摊职工教育经费

4. 在"工资分摊"中选中"计提费用类型""核算部门"，勾选"明细到工资项目""合并科目相同、辅助项相同的科目"后生成分摊应付职工薪酬的记账凭证，如图 12-4 所示。

5. 生成分摊工会经费的记账凭证，如图 12-5 所示。

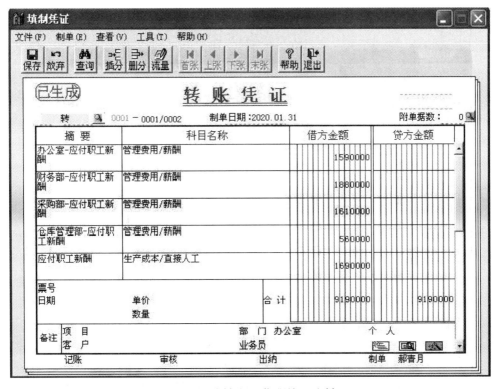

转 账 凭 证

已生成

转 0001 - 0001/0002   制单日期:2020.01.31   附单据数： 0

摘 要	科目名称	借方金额	贷方金额
办公室-应付职工薪酬	管理费用/薪酬	1590000	
财务部-应付职工薪酬	管理费用/薪酬	1880000	
采购部-应付职工薪酬	管理费用/薪酬	1610000	
仓库管理部-应付职工薪酬	管理费用/薪酬	560000	
应付职工薪酬	生产成本/直接人工	1690000	
	合 计	9190000	9190000

图 12-4 分摊职工薪酬的记账凭证

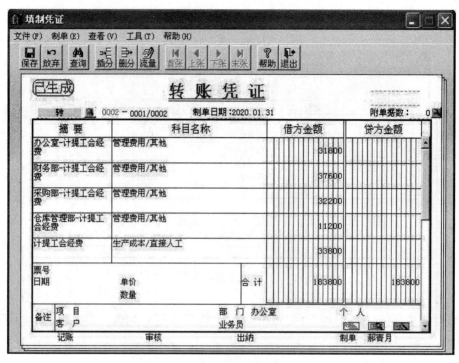

图 12-5 分摊工会经费的记账凭证

6. 生成分摊职工教育经费的记账凭证，如图 12-6 所示。

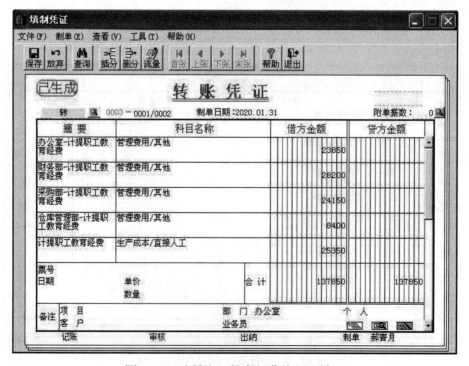

图 12-6 分摊职工教育经费的记账凭证

7. 实验十二的操作结果已经备份至"上机实验备份／（12）实验十二"。

五、拓展任务

1. 在什么情况下可以删除工资系统所生成的记账凭证？

2. 在什么情况下可以冲销工资系统所生成的记账凭证？

3. 在查看"工资变动汇总表"时可以有几种查看方式？分别是什么？

4. 如何查询"工资卡"？工资卡中都列示了什么内容？

5. 如何查看各部门的"工资项目分析表"？

6. 在本账套中可否进行"工资增长情况"分析？为什么？

实验十三　工资业务（2月）

一、实验目的

世纪天成公司已经顺利地完成了1月的工资业务处理，接下来的业务处理应该如何进行呢？本实验的目的就是在企业开始使用财务管理软件，完成了全部的系统初始化并进行了一个月的工资业务处理之后，了解应该如何完成工资系统的日常业务处理和期末业务处理。

二、实验要求

由总账会计"ZZ02"（郝青月）完成如下工资系统的业务处理。

1. 填制工资变动表。

2. 计算工资。

3. 生成工资分摊的记账凭证。

三、实验资料

2 月的工资数据如表 13-1 所示。

表13-1　2月工资数据

职员编号	职员名称	所属部门	人员类别	基本工资/元	奖金/元	交通补贴/元	副食补贴/元	事假天数/天	病假天数/天	缺勤天数/天
ZY001	章露	办公室	行政人员	4 000	1 800					
ZY002	李伟	办公室	行政人员	3 000	1 500			2		
ZY003	李芳	办公室	行政人员	3 000	1 200					
ZY004	陈天立	财务部	行政人员	3 000	1 800					
ZY005	郝青月	财务部	行政人员	3 000	1 400					
ZY006	李烨	财务部	行政人员	3 000	900					
ZY007	张宏予	财务部	行政人员	3 000	1 000					
ZY008	赵雨同	采购部	业务人员	4 000	2 000					
ZY009	周齐	采购部	业务人员	3 000	1 700					
ZY010	邓芳	采购部	业务人员	2 000	1 600					
ZY011	武顺	销售部	业务人员	3 000	2 500				1	
ZY012	韩亦成	销售部	业务人员	2 000	2 700					
ZY013	郑西详	仓库管理部	业务人员	3 500	1 500					
ZY014	徐美芝	车间	行政人员	4 500	2 000					
ZY015	程东梅	车间	生产工人	4 000	1 500					
ZY016	赵芝	车间	生产工人	4 000	1 200					1
ZY017	李明月	车间	生产工人	3 500	1 600					

四、操作提示

1. 由工资账套的主管"ZZ02"（郝青月），将系统日期修改为"2020 年 2 月 29 日"。在【工资】|【业务处理】|【工资变动】中修改工资数据并进行计算。

2. 在【工资】|【业务处理】|【工资分摊】中生成分摊工资的记账凭证，如图 13-1 所示。

3. 分摊工会经费记账凭证，如图 13-2 所示。

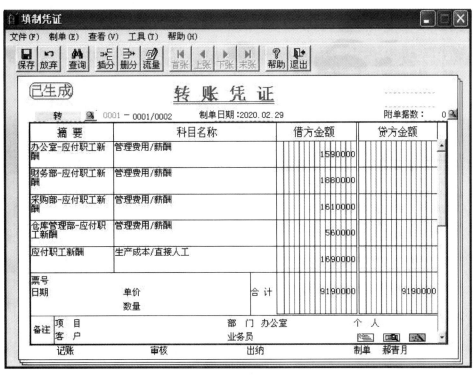

图 13-1 分摊 2 月工资的记账凭证

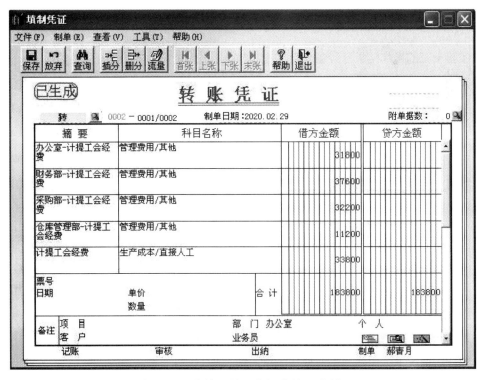

图 13-2 分摊 2 月工会经费的记账凭证

4. 分摊职工教育经费记账凭证，如图 13-3 所示。

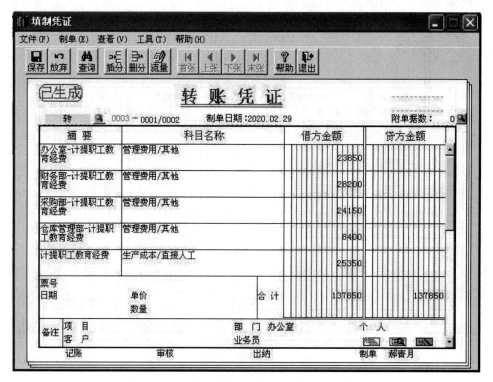

图 13-3 分摊 2 月职工教育经费的记账凭证

5. 实验十三的操作结果已经备份至"上机实验备份／（13）实验十三"。

五、拓展任务

1. 在什么情况下可以进行反结账的操作？反结账时系统的登录日期应该是什么时候？

2. 如果 2 月缺勤扣款的计算公式为原公式的 70%，应如何修改计算公式，并计算缺勤人员 2 月的扣款。

3. 分别查看赵芝 1 月和 2 月的个人所得税的计算情况，试计算缺勤扣款对个人所得税的影响。

4. 如何设置在"工资变动"功能中只显示"基本工资"和"代扣税"，如图 13-4 所示。

5. 如果 2 月为每个职工增加资料费 80 元，应如何完成？

6. 如果 2 月李明月辞职，不再为其发放工资，应该如何处理？

7. 在什么情况下会用到"工资分钱清单"？

图 13-4　在"工资变动"功能中只显示"基本工资"和"代扣税"

实验十四　多工资类别的处理

一、实验目的

世纪天成公司已经顺利地完成了 1 月和 2 月单工资类别的工资业务处理，接下来要尝试一下多工资类别的工资业务处理。本实验的目的就是在企业开始使用财务管理软件处理工资业务时，为了满足企业多工资类别业务处理的需要进行多工资类别的业务处理。

二、实验要求

由总账会计"ZZ02"（郝青月）完成如下工资系统的业务处理。

（1）建立工资账套。

（2）进行工资系统初始化。

三、实验资料

1. 新建两个工资类别：正式职工、临时工。

2. 对工资类别进行选项设置：

对每位职工均代扣个人所得税。

工资扣零至元；人员编码长度 5 位。

所有部门均有正式职工，但仅采购、销售和车间有临时工。

3. 人员类别：行政人员、业务人员。

4. 银行有两家：招商银行和建设银行，要求录入时自动带出的账号长度为 9 位。

5. 人员类别附加信息增加：性别、学历、民族。

6. 正式职工工资项目如表 14-1 所示。

表14-1　正式职工工资项目

工资项目名称	类型	长度	小数	增减项
基本工资	数字	8	2	增项
奖金	数字	8	2	增项
交通补贴	数字	8	2	增项
副食补贴	数字	8	2	增项
缺勤天数	数字	8	0	其他
缺勤扣款	数字	8	2	减项
保险费	数字	8	2	减项
住房公积金	数字	8	2	减项

7. 临时职工工资项目如表 14-2 所示。

表14-2　临时职工工资项目

工资项目名称	类型	长度	小数	增减项
基本工资	数字	8	2	增项
奖金	数字	8	2	增项

8. 人员档案信息如表14-3所示。

表14-3　人员档案信息

职员编号	职员名称	所属部门	人员类别	工资类别	性别	学历	民族	银行名称	银行代发号
ZY001	章露	办公室	行政人员	正式职工	男	大学本科	汉	招商银行	12345678001
ZY002	李伟	办公室	行政人员	正式职工	男	大学本科	汉	招商银行	12345678002
ZY003	李芳	办公室	行政人员	正式职工	女	大学本科	汉	招商银行	12345678003
ZY004	陈天立	财务部	行政人员	正式职工	男	研究生	汉	招商银行	12345678004
ZY005	郝青月	财务部	行政人员	正式职工	女	大学本科	满	招商银行	12345678005
ZY006	李烨	财务部	行政人员	正式职工	女	大学本科	汉	招商银行	12345678006
ZY007	张宏予	财务部	行政人员	正式职工	男	大学本科	汉	招商银行	12345678007
ZY008	赵雨同	采购部	业务人员	正式职工	男	研究生	汉	招商银行	12345678008
ZY009	周齐	采购部	业务人员	正式职工	男	大学本科	汉	招商银行	12345678009
ZY010	邓芳	采购部	业务人员	临时工	女	大学本科	壮	建设银行	87654321001
ZY011	武顺	销售部	业务人员	正式职工	男	大学本科	汉	招商银行	12345678010
ZY012	韩亦成	销售部	业务人员	临时工	男	大专	汉	建设银行	87654321002
ZY013	郑西详	仓库管理部	业务人员	正式职工	男	中专	苗	招商银行	12345678011
ZY014	徐美芝	车间	行政人员	正式职工	女	大专	汉	招商银行	12345678012
ZY015	程东梅	车间	业务人员	正式职工	女	中专	汉	招商银行	12345678013
ZY016	赵芝	车间	业务人员	正式职工	女	中专	汉	招商银行	12345678014
ZY017	李明月	车间	业务人员	临时工	女	中专	汉	建设银行	87654321003

9. 设置正式职工工资计算公式。

缺勤扣款 =（基本工资 ÷ 22）× 缺勤天数；

交通补贴：业务人员300元，行政人员100元；

副食补贴：办公室、财务部220元，采购部、销售部240元，其他230元。

10. 进行工资计算，如表14-4所示。

表14-4　工资计算表

职员编号	职员名称	所属部门	人员类别	基本工资/元	奖金/元	交通补助/元	副食补助/元	缺勤天数/天
ZY001	章露	办公室	行政人员	4 000	2 000			
ZY002	李伟	办公室	行政人员	3 000	1 500			

续表

职员编号	职员名称	所属部门	人员类别	基本工资/元	奖金/元	交通补助/元	副食补助/元	缺勤天数/天
ZY003	李芳	办公室	行政人员	3 000	1 200			
ZY004	陈天立	财务部	行政人员	3 000	1 800			
ZY005	郝青月	财务部	行政人员	3 000	1 400			
ZY006	李烨	财务部	行政人员	3 000	1 000			
ZY007	张宏予	财务部	行政人员	3 000	1 000			
ZY008	赵雨同	采购部	业务人员	4 000	2 000			
ZY009	周齐	采购部	业务人员	3 000	1 700			
ZY010	邓芳	采购部	业务人员	2 000	1 600			
ZY011	武顺	销售部	业务人员	3 000	2 500			2
ZY012	韩亦成	销售部	业务人员	2 000	3 000			
ZY013	郑西详	仓库管理部	业务人员	3 500	1 500			
ZY014	徐美芝	车间	行政人员	4 500	2 000			
ZY015	程东梅	车间	业务人员	4 000	1 500			
ZY016	赵芝	车间	业务人员	4 000	1 500			1
ZY017	李明月	车间	业务人员	3 500	1 500			

11. 扣缴个人所得税。

中方人员个人所得税月扣除 5 000 元，执行七级超额累进税率。

职工薪酬按部门计入相应的费用。行政部门、采购部和仓库管理部门计入"管理费用——薪酬"，销售部门计入"销售费用"，车间行政人员计入"制造费用"，车间生产工人计入"生产成本——直接人工"。

12. 设置计提本月工会经费（2%）。

13. 设置计提本月职工教育经费（1.5%）。

14. 根据设置生成 1 月记账凭证。

四、操作提示

1. 恢复"上机实验备份/（3）实验三"的备份。由 900 账套主管"ZZ01"（陈天立）在系统管理中启用"工资管理"系统（启用日期 2020 年 1 月 1 日）。

2. 由"ZZ01"（陈天立）在工资权限设置中设置"ZZ02"（郝青月）为"正式职工""临

时工"两个工资类别的"工资类别主管"。由总账会计"ZZ02"（郝青月）完成工资系统的全部初始设置。

3. 新建临时工工资类别时，对工资类别进行选项设置仅采购、销售和车间有临时工如图14-1所示。

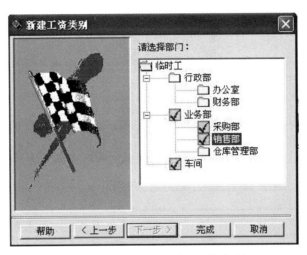

图 14-1　新建临时工工资类别

4. 编辑、查看某一工资类别信息时，要在打开该工资类别的状态下。正式职工工资项目如图 14-2 所示：

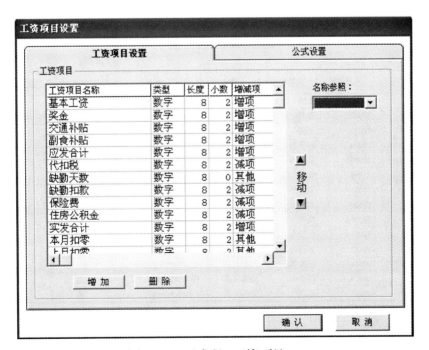

图 14-2　正式职工工资项目

5. 临时工工资项目如图 14-3 所示:

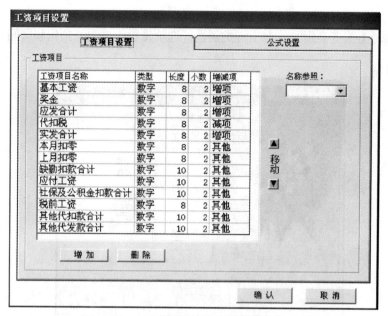

图 14-3 临时工工资项目

6. 正式职工人员档案如图 14-4 所示:

文件 基础设置 总账 工资 窗口 帮助

打印 预览 输出 导入 导出 增加 批增 修改 删除 替换 筛选 定位 帮助 退出

人 员 档 案

总人数:14

部门名称	人员编号	人员姓名	人员类别	账号	中方人员	是否计税	工资
办公室	ZY001	章霞	行政人员	12345678001	是	是	否
办公室	ZY002	李伟	行政人员	12345678002	是	是	否
办公室	ZY003	李芳	行政人员	12345678003	是	是	否
财务部	ZY004	陈天立	行政人员	12345678004	是	是	否
财务部	ZY005	郝青月	行政人员	12345678005	是	是	否
财务部	ZY006	李烨	行政人员	12345678006	是	是	否
财务部	ZY007	张宏予	行政人员	12345678007	是	是	否
采购部	ZY008	赵雨同	业务人员	12345678008	是	是	否
采购部	ZY009	周齐	业务人员	12345678009	是	是	否
销售部	ZY011	武顺	业务人员	12345678010	是	是	否
仓库管理部	ZY013	郑西洋	业务人员	12345678011	是	是	否
车间	ZY014	徐美芝	行政人员	12345678012	是	是	否
车间	ZY015	程东梅	业务人员	12345678013	是	是	否
车间	ZY016	赵芝	业务人员	12345678014	是	是	否

账套:[900]世纪 单位名称:: 操作员:ZZ02 (郝) 业务日期:[2020 19:58

图 14-4 正式职工人员档案

7. 临时工人员档案如图 14-5 所示：

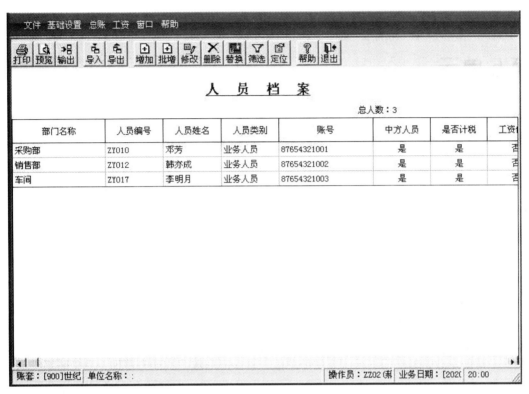

图 14-5　临时工人员档案

8. 其他设置公式、工资变动、分摊设置、生成凭证与单工资类别相同，但前提是进行某一工资类别的操作时，要在打开该工资类别的状态下。

9. 实验十四和操作结果已经备份至"上机实验备份／（14）实验十四备份"中。

五、拓展任务

1. 企业在什么情况下设置单工资类别？在什么情况下设置多工资类别？

2. 在采用多工资类别进行工资业务处理时应如何删除已生成的记账凭证？

3. 在采用多工资类别进行工资业务处理时应如何进行工资系统的结账？

第5单元
固定资产管理

 功能概述

  固定资产系统是一套用于企事业单位进行固定资产核算和管理的软件,主要面向中小企业,帮助企业财务部门进行固定资产总值、累计折旧数据的动态管理,为总账系统提供相关凭证,协助企业进行成本核算;同时还为设备管理部门提供各项固定资产的管理指标。固定资产系统的主要工作包括系统初始设置、日常业务处理和期末业务处理。在使用计算机进行固定资产核算之前,需要进行固定资产系统的初始设置,用以建立固定资产系统的应用环境。在进行初始设置之前,应进行必要的数据准备,如整理固定资产原始卡片等。固定资产初始设置的内容主要包括设置固定资产类别、设置折旧对应的会计科目、设置固定资产的增减方式、折旧方法及录入固定资产原始卡片等。

  固定资产的日常业务处理主要包括企业平时对固定资产卡片的管理、固定资产的增减业务处理及固定资产的各种变动管理。卡片管理是对固定资产系统中所有的卡片进行综合管理。通过卡片管理可以完成卡片修改、卡片删除、卡片查询及卡片打印等操作。固定资产的增减业务包括对增加固定资产和减少固定资产的处理。增加固定资产的处理即填写新增固定资产卡片的相关处理。资产减少是指资产在使用过程中,由于各种原因,如毁损、出售以及盘亏等,退出企业的资产。在系统中提供资产减少的批量操作,为同时清理一批资产提供方便。资产变动是指资产在使用过程中,所发生的原值变动、部门转移、使用状况变动、使用年限调整、折旧方法调整以及净残值(率)调整等。这种变动在系统中要求留下原始凭证,制作的原始凭证称为"变动单"。

  固定资产期末业务处理的工作主要包括计提折旧、制单处理及对账与结账的处理工作。计提折旧是固定资产系统的主要功能之一。根据已经录入系统的有关固定资产资料每期计提折旧一次，并自动生成折旧分配表，然后制作记账凭证，将本期的折旧费用自动登账，并将当期的折旧额自动累加到累计折旧项目中。固定资产系统和总账系统之间存在着数据自动传输的关系，这种传输是通过记账凭证来完成的。固定资产系统中要制作凭证的业务内容主要包括资产增加、资产减少、卡片修改（涉及原值和累计折旧时）、资产评估（涉及原值和累计折旧时）、原值变动、累计折旧调整及折旧分配。对账是将固定资产系统与总账系统的资产价值进行核对，系统在执行月末结账时自动对账一次，给出对账结果，并根据初始化或选项中的判断确定不平情况下是否允许结账。当固定资产系统完成了本月全部制单业务后，可以进行月末结账。

主要任务

　　系统学习固定资产管理的基本原理和系统初始化、日常业务处理及期末业务处理的方法。能够根据企业的业务情况设置固定资产系统的业务参数，进行固定资产系统的基础设置；能够根据企业的实际情况进行固定资产增减变动及固定资产折旧计提并进行相应的账务处理等；能够了解在出现操作错误时的处理思路和方法。固定资产管理的主要任务如下图所示。

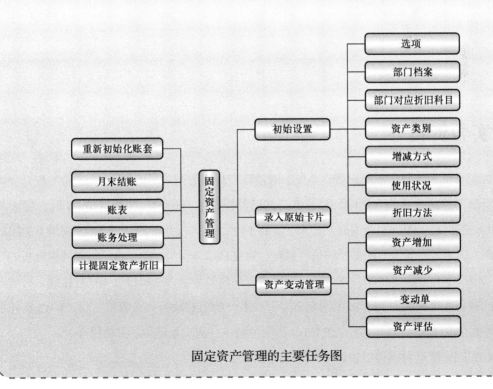

固定资产管理的主要任务图

实验十五　固定资产系统初始化

一、实验目的

　　世纪天成公司自 2020 年 1 月开始使用畅捷通 T3 企业管理软件，对企业的固定资产进行管理。此实验的目的是尽快了解应如何将现有的固定资产信息录入到计算机中，以便对固定资产的日常业务进行处理。

二、实验要求

　　恢复"上机实验备份/（3）实验三"的备份。

　　由 900 账套主管"ZZ01"（陈天立）在系统管理中启用"固定资产"系统（启用日期2020 年 1 月 1 日）。

　　由总账会计"ZZ02"（郝青月）完成如下固定资产系统的初始设置：

　　1. 启用固定资产系统。

　　2. 设置固定资产折旧对应科目。

　　3. 设置固定资产类别。

　　4. 设置固定资产增减方式。

　　5. 录入固定资产原始卡片。

三、实验资料

　　1. 2020 年 1 月 1 日启用固定资产系统，固定资产折旧采用"平均年限法（一）"按月计提折旧，折旧汇总分配周期为"1 个月"，当月初已计提折旧月份 = 可使用月份 − 1 时，要求将剩余折旧全部提足。固定资产编码方式为"2-1-1-2"，按"类别编码 + 序号"，采用手工编码方式编码。固定资产要求与账务系统进行对账，对账科目分别为"固定资产"和"累计折旧"，对账不平情况下允许固定资产月末结账。设置"可纳税调整的入账科目"为"直接购入"，"固定资产的缺省入账科目"为"1601 固定资产"，"累计折旧的缺省入账科目"为"1602 累计折旧"，"可抵扣税额入账科目"为"22210101 应交税费——应交增值税（进项税额）"。

　　2. 设置固定资产对应科目如表 15–1 所示。

表15-1　固定资产对应科目表

部门名称	折旧科目
办公室	管理费用——折旧费
财务部	管理费用——折旧费
采购部	管理费用——折旧费
销售部	销售费用
仓库管理部	管理费用——折旧费
车间	制造费用

3. 设置固定资产类别如表 15-2 所示。

表15-2　固定资产类别表

类别编码	类别名称	使用年限/年	净残值率/%	计提属性	折旧方法	卡片样式
01	建筑物	40	2	正常计提	平均年限法（一）	通用样式
02	机器设备	10	2	正常计提	平均年限法（一）	通用样式
03	办公设备	5	2	正常计提	平均年限法（一）	通用样式
04	运输设备	15	2	正常计提	平均年限法（一）	通用样式
05	其他	10	2	正常计提	平均年限法（一）	通用样式

4. 设置固定资产的增减方式如表 15-3 所示。

表15-3　固定资产增减方式表

增加方式	对应入账科目	减少方式	对应入账科目
直接购入	银行存款——招商银行	出售	固定资产清理
投资者投入	实收资本	投资转出	固定资产清理
在建工程转入	在建工程	报废	固定资产清理

5. 设置固定资产原始卡片如表 15-4 所示。

表15-4　固定资产原始卡片

卡片编号	00001	00002	00003	00004	00005	00006	00007
固定资产编号	0100001	0100002	0100003	0200001	0200002	0300001	0400001
固定资产名称	办公用房	厂房	销售用房	缝纫机	定型机	计算机	货车
类别名称	建筑物	建筑物	建筑物	机器设备	机器设备	办公设备	运输设备
部门名称	办公室	车间	销售部	车间	车间	办公室	采购部

续表

增加方式	直接购入	投资者投入	在建工程转入	直接购入	直接购入	直接购入	直接购入
使用状况	在用	在用	在用	在用	在用	在用	在用
使用年限/年	40	40	40	10	10	5	15
折旧方法	平均年限法（一）	平均年限法（一）	平均年限法（一）	平均年限法（一）	平均年限法（一）	平均年限法（一）	平均年限法（一）
开始使用日期	2017.6.30	2018.9.21	2017.1.26	2018.5.29	2016.10.25	2019.1.12	2019.10.6
币种	人民币	人民币	人民币	人民币	人民币	人民币	人民币
原值/元	1 270 000	5 000 000	1 000 000	700 000	300 000	30 000	220 000
净残值率	2%	2%	2%	2%	2%	2%	2%
累计折旧/元	76 200	270 000	70 000	109 060	93 480	5 379	2 376
对应折旧科目	管理费用——折旧费	制造费用	销售费用	制造费用	制造费用	管理费用——折旧费	销售费用

四、操作提示

1. 由 900 账套主管"ZZ01"（陈天立）在系统管理中恢复"上机实验备份／（3）实验三"的备份。启用"固定资产管理"系统（启用日期 2020 年 1 月 1 日）。

2. 由总账会计"ZZ02"（郝青月）登录 900 账套，单击"固定资产管理"功能，建立固定资产账套，进行固定资产系统初始化，如图 15-1 所示。

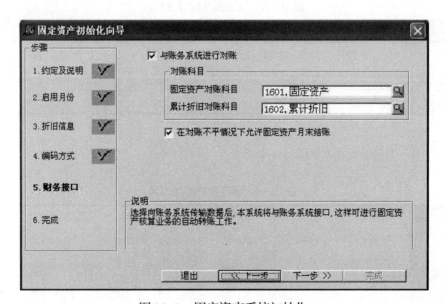

图 15-1　固定资产系统初始化

3. 在"固定资产——选项"设置"可纳税调整的增加方式"为"直接购入","固定资产的缺省入账科目"为"1601 固定资产","累计折旧的缺省入账科目"为"1602 累计折旧","可抵扣税额入账科目"为"22210101 应交税费——应交增值税（进项税额）",如图 15-2 所示。

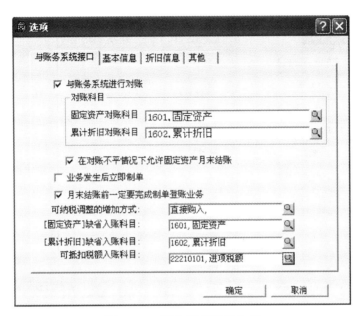

图 15-2　固定资产设置选项

4. 在【固定资产】|【设置】|【资产类别】中设置固定资产类别如图 15-3 所示。

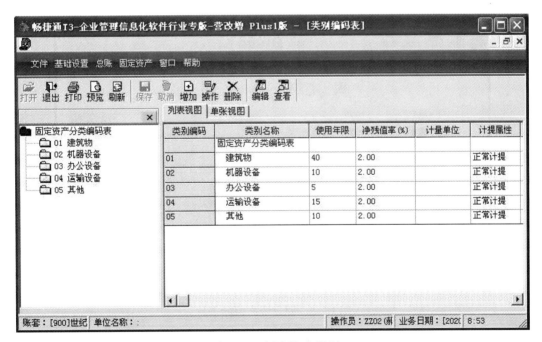

图 15-3　固定资产类别

5. 在【固定资产】|【设置】|【增减方式】中设置固定资产的增减方式，如图 15-4 所示。

图 15-4　固定资产增减方式

6. 在"原始卡片"功能中录入固定资产原始卡片。已录入的第 1 张原始卡片如图 15-5 所示。

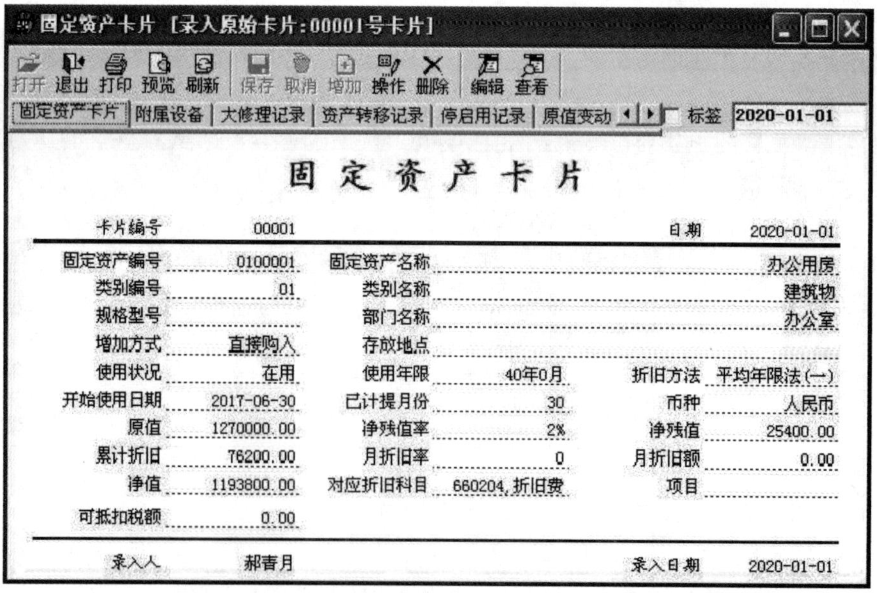

图 15-5　固定资产原始卡片

7. 实验十五的操作结果已经备份至"上机实验备份／（15）实验十五"。

五、拓展任务

1. 在设置固定资产系统参数时，如果选择"对账不平衡的情况下允许固定资产月末结账"是什么意思？反之呢？

2. 在固定资产系统中可以设置部门档案吗？

3. 设置部门对应折旧科目有什么作用？

4. 固定资产卡片中的"累计折旧"，为什么可以手工录入，而不是由系统自动生成？

5. 固定资产编码方式，采用手工输入方法和自动生成的方法有何不同？

6. 在固定资产卡片中的"卡片编号""固定资产编号"和"类别编号"是什么关系？

实验十六　固定资产系统日常业务

一、实验目的

世纪天成公司马上要使用畅捷通 T3 企业管理软件对固定资产进行管理。现在需要了解在固定资产的使用过程中，如果发现固定资产卡片的信息发生了变化，应该如何进行处理；当增加固定资产时，应该如何在财务管理软件中进行处理。此实验的目的是学会对固定资产变动的处理。

二、实验要求

恢复"上机实验备份/（15）实验十五"。

由总账会计"ZZ02"（郝青月）完成固定资产系统的日常业务处理。

三、实验资料

1. 因工作需要，1 月 22 日，将卡片编号为 00007 的货车使用部门变更为销售部。

2. 2020 年 1 月 22 日，投资者投入办公用打印机（属于办公设备）一台置于采购部，价值

1 900 元，使用年限为 5 年，预计净残值率为 3%，采用"双倍余额递减法"计提折旧。

四、操作提示

1. 由总账会计"ZZ02"（郝青月）登录到固定资产管理系统。选中【固定资产】|【卡片】|【变动单】|【部门转移】选项，填制固定资产变动单，如图 16-1 所示。

固 定 资 产 变 动 单

—部 门 转 移—

变动单编号	00001	变动日期	2020-01-22
卡片编号	00007	固定资产编号 0400001	开始使用日期 2019-10-06
固定资产名称		货车	规格型号
变动前部门	采购部	变动后部门	销售部
存放地点		新存放地点	
变动原因			工作需要
		经手人	郝青月

图 16-1　固定资产变动单

2. 选中【固定资产】|【卡片】|【资产增加】选项。选中"办公设备"填制增加固定资产的卡片，如图 16-2 所示。

文件 基础设置 总账 固定资产 窗口 帮助

打开 退出 打印 预览 刷新 保存 取消 增加 操作 删除 编辑 查看

固定资产卡片 | 附属设备 | 大修理记录 | 资产转移记录 | 停启用记录 | 原值变动 | 减少 ◀ ▶ □ 标签 2020-01-22

固 定 资 产 卡 片

卡片编号	00008	日期	2020-01-22
固定资产编号	0300002	固定资产名称	打印机
类别编号	03	类别名称	办公设备
规格型号		部门名称	采购部
增加方式	投资者投入	存放地点	
使用状况	在用	使用年限 5年0月	折旧方法 双倍余额递减法
开始使用日期	2020-01-22	已计提月份 0	币种 人民币
原值	1900.00	净残值率 3%	净残值 57.00
累计折旧	0.00	月折旧率 0	月折旧额 0.00
净值	1900.00	对应折旧科目 660204,折旧费	项目
可抵扣税额	0.00		
录入人	郝青月	录入日期	2020-01-22

账套：[900]世纪 单位名称：　　　　　　　　　　　　操作员：ZZ02 郝　业务日期：[2020

图 16-2　新增固定资产卡片

3. 实验十六的操作结果已经备份至"上机实验备份／（16）实验十六"。

五、拓展任务

1. 在什么情况下应填制资产变动单？
2. 资产评估时可以评估的项目有哪些？
3. 一项资产减少时应分别完成哪些处理？
4. 一项资产增加时应分别完成哪些处理？
5. 由系统生成的记账凭证，其摘要是否允许修改？

实验十七　固定资产系统期末业务

一、实验目的

　　世纪天成公司现在使用畅捷通 T3 企业管理软件对固定资产进行管理。固定资产的账务处理是财务部门的重要工作，世纪天成公司的固定资产数量和种类很多，金额也很大，因此，加强对固定资产的科学管理对企业的管理至关重要。现在需要了解在财务管理软件中，应如何对固定资产的增减变动及固定资产折旧计提等进行账务处理？此实验的目的是学会计提固定资产折旧并对企业所发生的业务进行账务处理。

二、实验要求

　　恢复"上机实验备份／（16）实验十六"。
　　由总账会计"ZZ02"（郝青月）完成如下固定资产系统的期末业务处理。
　　1. 计提固定资产折旧。
　　2. 生成本月计提折旧和增加固定资产的记账凭证。

三、实验资料

1. 1 月 31 日，计提当月应提折旧。
2. 根据 1 月业务，生成凭证。
3. 进行 1 月月末处理。

四、操作提示

1. 由总账会计"ZZ02"（郝青月）登录到固定资产管理系统。选中【固定资产】|【处理】|【计提本月固定资产折旧】选项，生成计提 1 月固定资产折旧的记账凭证如图 17-1 所示。

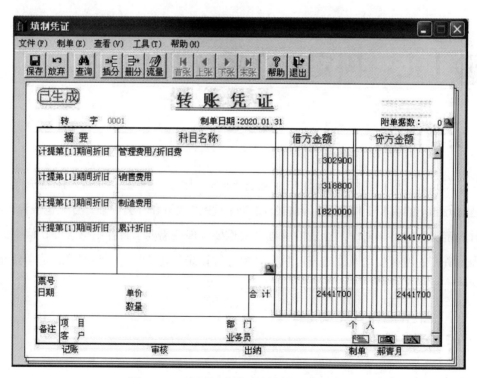

图 17-1 计提固定资产折旧的记账凭证

2. 选中【固定资产】|【处理】|【批量制单】选项，生成新增固定资产的记账凭证如图 17-2 所示。

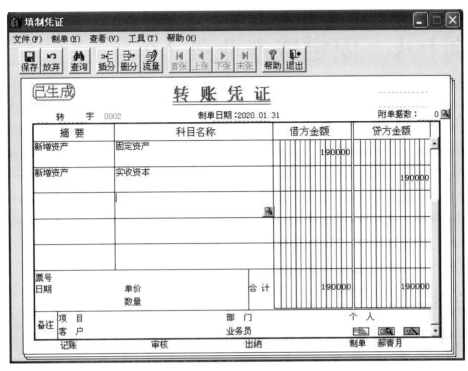

图 17-2 新增固定资产的记账凭证

3. 对固定资产系统进行结账处理。由于此时还未将固定资产系统生成的记账凭证在总账系统中进行审核记账，所以在对固定资产系统进行结账处理时，系统提示对账不平。

4. 实验十七的操作结果已经备份至"上机实验备份／（17）实验十七"。

五、拓展任务

1. 在计提折旧前和计提折旧后，固定资产卡片中可以修改的内容有何不同？

2. 本月是否可以进行减少固定资产的操作？为什么？

3. 如果在固定资产系统结账前，发现固定资产卡片中累计折旧录入错误应该怎么办？

4. 如果在固定资产系统结账前，发现增加固定资产的原值错误（已经生成记账凭证），应该怎么办？

5. 如果在固定资产系统结账后，发现增加固定资产的原值错误（已经生成记账凭证），应该怎么办？

实验十八　固定资产业务（2月）

一、实验目的

世纪天成公司已经顺利地完成了1月的固定资产业务处理，接下来的业务处理应该如何进行呢？本实验的目的就是在企业开始使用软件完成了全部的系统初始化并进行了一个月份的固定资产业务处理之后，了解应该如何完成固定资产系统的日常业务处理和期末业务处理。

二、实验要求

由总账会计"ZZ02"（郝青月）完成所有固定资产系统的业务处理。

三、实验资料

1. 2月13日，由于技术升级，将定型机对外出售，售价210 000元。

2. 2月29日，计提当月应提折旧。

3. 根据2月业务，生成凭证。

4. 进行2月月末处理。

四、操作提示

1. 由总账会计"ZZ02"（郝青月）在2020年2月13日登录到固定资产管理系统。计提折旧而不生成计提折旧的记账凭证。选中【固定资产】|【卡片】|【资产减少】选项，填写资产减少情况如图18-1所示。在批量制单中生成减少固定资产的记账凭证，如图18-2所示。

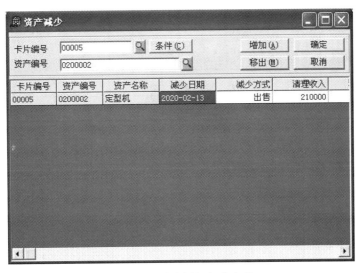

图 18-1 固定资产减少表

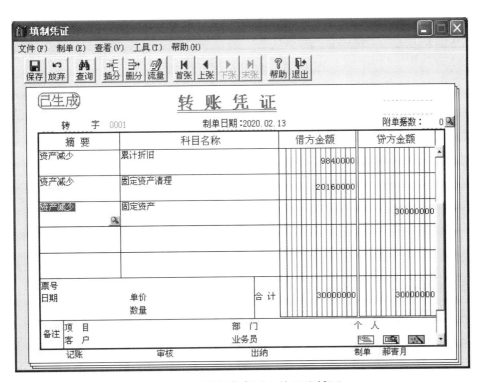

图 18-2 固定资产减少的记账凭证

2. 由总账会计"ZZ02"（郝青月）在 2020 年 2 月 29 日登录到固定资产管理系统。查看折旧分配表生成计提折旧的记账凭证，如图 18-3 所示。

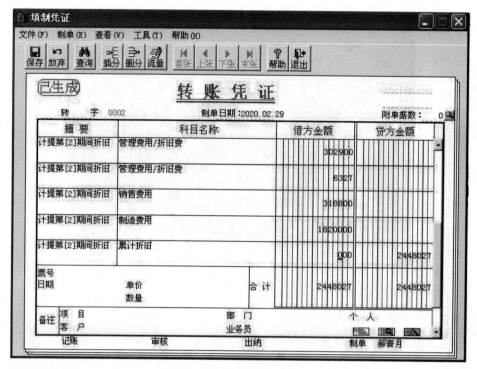

图 18-3 计提折旧的记账凭证

3. 此处要注意，在固定资产系统只是做出了减少固定资产转入固定资产清理的记账凭证，而清理的结果应在总账系统再行处理。

4. 实验十八的操作结果已经备份至"上机实验备份/（18）实验十八"。

五、拓展任务

1. 如果已经计提了固定资产折旧并生成了记账凭证，还能对增加固定资产进行处理吗？

2. 如果将在用的固定资产进行更新改造，应如何进行处理？

3. 如果新增的固定资产可以扣除进项税额，应该如何进行处理？

4. 在固定资产的选项设置中，在"与账务系统接口"的页签中，设置"【固定资产】缺省入账科目"和"【累计折旧】缺省入账科目"有何作用？

5. 如何设置"业务发生后立即制单"？

综合实验二

一、实验目的

在系统学习了系统管理、基础设置、总账管理、财务报表、工资管理和固定资产管理的内容后，有必要检验一下学习者对这些内容的掌握程度。此实验的目的是对系统管理、基础设置、总账、报表、工资和固定资产系统的全面复习和检测。在学校中也可以作为第二个阶段学习的测试内容。

二、实验要求

要求学习者按照给定的财务分工分别完成从系统初始化、基础设置、总账业务处理、工资业务处理到固定资产业务处理的全部工作内容。

三、实验资料

（一）操作员及账套信息

1. 增加操作员并设置权限如下：

操作员编号	操作员姓名	操作员权限	操作员岗位
01	严实	账套主管	财务主管
02	张华	公用目录设置、总账	总账会计

操作员编号	操作员姓名	操作员权限	操作员岗位
03	何建	公用目录设置、总账、现金管理	出纳员
04	康清	公用目录设置、工资管理	工资会计
05	沈成	公用目录设置、固定资产管理	固定资产会计

2. 建账信息如下：

公司名称	永利有限责任公司	法人代表	成功
公司地址	北京市海淀区北洼路13号	邮政编码	101462
联系电话	68945678	企业类型	工业
统一社会信用代码	110101134689715937	行业性质	2007年新会计准则

该公司从2020年01月开始使用会计信息系统进行业务与账务处理，需要对客户、供应商、存货进行分类，无外币核算。

分类编码级次需要修改的项目如下：

科目编码级次	4222	部门编码级次	122
客户分类编码级次	122	供应商分类编码级次	122
存货分类编码级次	112	结算方式编码级次	12

3. 启用系统：总账、工资、固定资产系统。

4. 部门档案如下：

部门编码	部门名称
1	行政部
101	办公室
102	财务部
2	业务部
201	采购部
202	销售部
203	仓库管理部
204	车间

5. 职员档案如下：

职员编号	职员名称	所属部门	职员属性
001	张有利	办公室	法人
002	郑龙	办公室	主任
003	严实	财务部	财务主管
004	张华	财务部	总账会计
005	康清	财务部	业务会计
006	何建	财务部	出纳员
007	沈成	采购部	业务主管
008	常浩	采购部	采购核算员
009	赵伟	销售部	销售核算员
010	肖玲	仓库管理部	仓库管理员
011	周文	车间	生产工人

6. 客户分类如下：

类别编码	类别名称
1	华北区
101	北京
102	河北
103	山东
2	东北区

7. 客户档案如下：

客户编码	客户名称	客户简称	所属分类	发展时间	纳税号
K01	北京永成有限责任公司	永成	北京	2008.01.15	110182929650190066
K02	石家庄丰连公司	丰连	河北	2009.09.28	516969185852066662
K03	北京好机有限公司	好机	北京	2010.11.04	273658298929506293

8. 供应商分类如下:

类别编码	类别名称
1	主料供应商
2	成品供应商
3	其他供应商

9. 供应商档案如下:

供应商编码	供应商名称	供应商简称	所属分类	发展时间
G001	北京电子设备有限公司	电子设备	主料供应商	2009.05.17
G002	北京电子元件厂	电子元件	成品供应商	2010.02.09

10. 需设置的主要会计科目如下:

科目编码	科目名称	辅助账类型
1001	库存现金	日记账
1002	银行存款	日记账,银行账
1122	应收账款	客户往来,不受控
1123	预付账款	供应商往来,不受控
140301	磁头	数量核算(个)、数量金额式账页
140302	底座	数量核算(个)、数量金额式账页
140303	盖子	数量核算(个)、数量金额式账页
140304	感应头	数量核算(个)、数量金额式账页
140501	打印机	数量核算(台)、数量金额式账页
2202	应付账款	供应商往来,不受控
2203	预收账款	客户往来,不受控
221101	薪酬	
221102	职工教育经费	
221103	工会经费	

科目编码	科目名称	辅助账类型
222101	应交增值税	
22210101	进项税	
22210102	已交税金	
22210103	销项税	
22210104	转出未交增值税	
222103	应交所得税	
222104	应交城市维护建设税	
222105	应交教育费附加	
222106	未交增值税	
500101	直接材料	
500102	直接人工	
500103	制造费用	
660201	办公费	部门核算
660202	差旅费	部门核算
660203	薪酬	部门核算
660204	折旧费	部门核算
660205	其他	部门核算

11. 指定会计科目："1001 库存现金"为现金总账科目，"1002 银行存款"为银行总账科目。

12. 凭证类别如下：

类别名称	限制类型	限制科目
收款凭证	借方必有	1001, 1002
付款凭证	贷方必有	1001, 1002
转账凭证	凭证必无	1001, 1002

13. 结算方式如下：

结算方式编码	结算方式名称	是否票据结算
1	现金	否
2	支票	是
201	现金支票	是
202	转账支票	是
3	其他	否

14. 开户银行信息如下：

编号	开户银行	银行账号
1	工商银行海淀支行	010-65659628

15. 选项设置：不允许修改、作废他人填制的凭证；出纳凭证必须经由出纳签字。

16. 期初余额如下：

会计科目		方向	余额/元
库存现金		借	1 000
银行存款		借	153 038.85
应收账款		借	20 000
原材料——磁头		借	60 000
	个		200
——底座		借	8 000
	个		100
——盖子		借	12 000
	个		200
——感应头		借	9 000
	个		50
库存商品——打印机		借	200 000
	台		200
固定资产		借	2 419 700

续表

会计科目	方向	余额/元
累积折旧	贷	42 552.49
短期借款	贷	200 000
应付职工薪酬——薪酬	贷	42 600
实收资本	贷	2 597 586.36

17. 录入往来明细资料如下：

会计科目	日期	往来单位	摘要	方向	金额/元
应收账款	2019.5.21	永成	销售商品款未收	借	20 000

18. 建立工资账套选择单个工资类别，工资不扣零，不计税，人员编码长度3，康清拥有所有工资账套权限。

19. 人员类别分为：管理人员、销售人员、生产人员。

20. 工商银行自动带出账号长度为10位。

21. 人员类别附加信息增加：性别、学历。

22. 职工工资项目如下：

工资项目名称	类型	长度	小数	增减项
基本工资	数字	8	2	增项
奖金	数字	8	2	增项
缺勤天数	数字	8	0	其他
缺勤扣款	数字	8	2	减项

23. 人员档案信息如下：

职员编号	职员名称	所属部门	人员类别	性别	学历	银行代发号
001	张有利	办公室	管理人员	男	大学本科	12345678001
002	郑龙	办公室	管理人员	男	大学本科	12345678002
003	严实	财务部	管理人员	男	大学本科	12345678003

续表

职员编号	职员名称	所属部门	人员类别	性别	学历	银行代发号
004	张华	财务部	管理人员	女	研究生	12345678004
005	康清	财务部	管理人员	女	大学本科	12345678005
006	何建	财务部	管理人员	男	大学本科	12345678006
007	沈成	采购部	管理人员	男	大学本科	12345678007
008	常浩	采购部	管理人员	男	研究生	12345678008
009	赵伟	销售部	销售人员	男	大学本科	12345678009
010	陈术	销售部	销售人员	男	高职	12345678010
011	肖玲	仓库管理部	管理人员	女	大学本科	12345678011
012	周文	车间	生产人员	男	大学本科	12345678012
013	杨彬	车间	生产人员	男	高职	12345678013
014	江宁	车间	生产人员	男	高职	12345678014
015	黄珊	车间	生产人员	女	高职	12345678015

24. 设置计算公式：

$$缺勤扣款 = 基本工资 \div 22 \times 缺勤天数$$

25. 固定资产编码方式为"2-1-1-2"，按"类别编码 + 序号"，采用自动编码方式编码，序号长度为 5。

26. 固定资产要求与账务系统进行对账，对账科目分别为"固定资产"和"累计折旧"，对账不平情况下允许固定资产月末结账。设置"可纳税调整的入账科目"为"直接购入"，"固定资产的缺省入账科目"为"1601 固定资产"，"累计折旧的缺省入账科目"为"1602 累计折旧"，"可抵扣税额入账科目"为"22210101 应交税费——应交增值税（进项税额）"。

27. 设置固定资产对应科目如下：

部门名称	折旧科目
办公室	管理费用——折旧费
财务部	管理费用——折旧费
采购部	管理费用——折旧费
销售部	销售费用
仓库管理部	管理费用——折旧费
车间	制造费用

28. 设置固定资产类别如下:

类别编码	类别名称	使用年限/年	净残值率	计提属性	折旧方法	卡片样式
01	建筑物	40	2%	正常计提	平均年限法（一）	通用样式
02	机器设备	10	2%	正常计提	平均年限法（一）	通用样式
03	办公设备	5	2%	正常计提	平均年限法（一）	通用样式
04	运输设备	15	2%	正常计提	平均年限法（一）	通用样式
05	其他	10	2%	正常计提	平均年限法（一）	通用样式

29. 设置固定资产的增减方式如下:

增加方式	对应入账科目	减少方式	对应入账科目
直接购入	银行存款	出售	固定资产清理
投资者投入	实收资本	投资转出	固定资产清理
在建工程转入	在建工程	报废	固定资产清理

30. 录入固定资产原始卡片如下:

卡片编号	00001	00002	00003	00004	00005
固定资产编号	0100001	0300001	0300002	0400001	0400002
固定资产名称	办公用房	HP 计算机	FZ 计算机	东风小卡车	金杯客货车
类别名称	建筑物	办公设备	办公设备	运输设备	运输设备
部门名称	办公室	财务部	采购部	销售部	销售部
增加方式	直接购入	直接购入	直接购入	直接购入	直接购入
使用状况	在用	在用	在用	在用	在用
使用年限/年	40	5	5	15	15
折旧方法	平均年限法（一）	平均年限法（一）	平均年限法（一）	平均年限法（一）	平均年限法（一）
开始使用日期	2019-12-29	2018-01-11	2019-11-22	2017-10-14	2018-08-08
币种	人民币	人民币	人民币	人民币	人民币
原值	2 200 000	19 000	9 800	78 900	112 000
净残值率	2%	2%	2%	2%	2%
累计折旧/元	0	7 123.10	159.74	11 077.56	24 192
对应折旧科目	管理费用——折旧费	管理费用——折旧费	管理费用——折旧费	销售费用	销售费用

（二）2020年1月经济业务

（1）2日，开出现金支票，从银行提取现金5 000元备用。（现金支票号：9265）

（2）6日，向开户银行借入3个月期借款60 000元（年利息率为3%）。

（3）8日，向北京电子设备有限公司购进感应头200个，单价200元/个，材料已入库，款项尚未结算，增值税专用发票注明税额5 200。

（4）10日，办公室用现金600元购办公用纸一批。

（5）10日，生产100台打印机，领用4项材料各100个。

（6）13日，办公室主任郑龙出差预借旅费2 500元。

（7）13日，收到永成公司开具支票一张，偿付前欠款项20 000元。

（8）13日，收到好机公司支付款项150 000元作为预收款。

（9）15日，预提本月银行借款利息150元。

（10）20日，向好机公司销售打印机100台，每件不含税售价1 300元，收到转账支票一张并已入账，增值税专用发票注明税额16 900元。

（11）27日，开出转账支票（支票号：2986），支付上月职工工资42 600元。

（12）28日，开出转账支票（支票号2987），向北京电子设备有限公司支付本月采购款45 200元。

（13）31日，分配结转工资费用，计提当月工资（计提比率100%）。

职员编号	职员名称	所属部门	人员类别	基本工资/元	奖金/元	缺勤大数/大
001	张有利	办公室	管理人员	3 000	800	
002	郑龙	办公室	管理人员	2 000	500	
003	严实	财务部	管理人员	2 000	200	
004	张华	财务部	管理人员	2 000	800	1
005	康清	财务部	管理人员	2 000	400	
006	何建	财务部	管理人员	2 000	900	
007	沈成	采购部	管理人员	2 000	600	
008	常浩	采购部	管理人员	2 000	400	
009	赵伟	销售部	销售人员	1 500	1 700	
010	陈术	销售部	销售人员	2 000	400	
011	肖玲	仓库管理部	管理人员	2 000	900	
012	周文	车间	生产人员	2 800	1 100	

续表

职员编号	职员名称	所属部门	人员类别	基本工资/元	奖金/元	缺勤天数/天
013	杨彬	车间	生产人员	2 000	1 000	
014	江宁	车间	生产人员	2 000	900	
015	黄珊	车间	生产人员	1 800	900	1

（14）31日，计提当月工会经费（计提比率2%）。

（15）31日，计提当月职工教育经费（计提比率8%）。

（16）31日，企业向希望工程捐赠打印机1台，成本1 000元。

（17）31日，计提固定资产折旧。

（18）31日，企业本月生产的打印机100台全部完工，结转完工产品成本76 659.99元（依据此前生产成本明细账）。

（19）31日，按先进先出法结转已销产品成本100 000元（依据此前库存商品明细账）。

（20）31日，结转本月发生的期间损益。

（21）31日，利用自定义转账结转本月未交增值税。

（22）31日，利用模板编制本月利润表。

（23）31日，利用模板编制本月资产负债表。

第6单元
购销存系统初始化

 功能概述

　　购销存系统初始化的工作主要包括设置购销存系统的公共基础档案，设置采购管理系统、销售管理系统、库存管理系统和存货核算系统的业务控制参数及录入期初余额，进行期初记账等。一方面为企业进行购销存业务处理做好充分的准备，同时也为财务与业务一体化的会计核算和业务处理做好充分的准备。

　　购销存系统的基础档案设置是系统初始化最重要的内容之一，主要包括存货和购销存基础设置等。存货设置包括在存货档案中设置将在购销存系统中所要使用的所有存货的信息。购销存系统基础设置涉及在填制购销存单据时必须输入的项目内容，如仓库档案、采购类型和销售类型等。

　　购销存系统初始化的内容主要包括采购管理系统、销售管理系统、库存管理系统和存货核算系统的业务控制参数的设置和期初余额的录入。

　　采购管理系统业务处理控制参数的设置主要包括业务控制参数、公共参数、结算控制参数及应付控制参数的设置。采购期初数据录入完成后，计算机将把期初录入的所有数据进行期初记账，采购期初记账后才能进行日常采购业务处理。

　　销售管理系统业务处理控制参数的设置主要包括业务范围、业务控制参数、系统参数、价格管理和应收核销控制参数的设置。销售管理系统的期初余额和其他系统要录入的期初余额一样，应在日常业务处理开始前录入完成。

　　库存管理系统业务处理控制参数的设置主要包括是否允许零出库、是否由库存系统生成销售出库单及最高最低库存是否报警等。在完成库存管理系统的参数设置后，可以根据企业的实际情况录入有关的期初数据并进行期初记账。如果库存管理系统和存货核算系统同时使用，第一次录入期初数据之前，应将库存的结存数与存货核算的结存数核对一致后，统一录入。通常，库存管理系统中期初数据是与存货核算系统共用的。

存货核算系统的初始设置主要包括核算业务范围设置、科目设置和录入期初余额。由于存货核算系统是连接总账系统与业务处理系统（采购管理、销售管理、库存管理）的桥梁和纽带，因此，存货核算系统的初始设置应既要满足业务处理的需要，还要满足会计核算的需要。

主要任务

系统学习购销存系统初始化的主要内容及其作用。能够为企业在采用财务与业务一体化应用模式时，设置适合企业需要的公共基础档案，设置适合企业需要的各种业务参数。能够正确地录入期初余额并进行期初记账的操作。能够了解在出现操作错误时的处理思路和方法。购销存系统初始化的主要任务如下图所示。

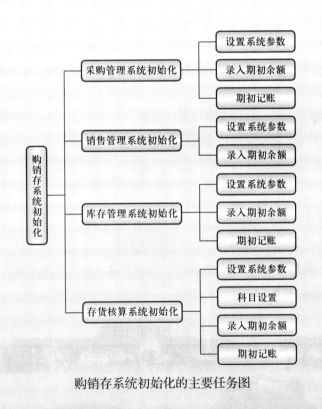

购销存系统初始化的主要任务图

实验十九 购销存系统初始化

一、实验目的

世纪天成公司自2020年1月开始使用畅捷通T3企业管理软件，已经尝试着使用了财务系统进行会计核算及会计管理。由于公司是一家小型加工企业，财务管理系统并不能满足企业对购销存业务处理的需要，不能实现现代化的财务与业务的一体化管理。现在公司决定启用购销存系统进行财务、业务一体化的管理。此实验的目的是了解在进行购销存系统的日常业务处理之前应做好哪些准备，这些准备工作对日常工作将会产生什么影响。

二、实验要求

由业务主管"ZZ05"（赵雨同）恢复"上机实验备份／（3）实验三"备份。完成如下购销存系统的初始设置：

1. 启用购、销、存管理系统及存货核算系统。
2. 进行基础设置。
3. 录入采购管理系统期初余额并进行期初记账。
4. 录入库存管理系统期初余额并进行期初记账。
5. 设置存货核算系统的会计科目。

三、实验资料

1. 企业于2020年1月1日启用采购管理、销售管理、库存管理及存货核算系统。
2. 开户银行信息如表19-1所示。

表19-1 开户银行信息

编号	开户银行	银行账号	核算币种
1	招商银行上地路支行	010-28656596	人民币
2	建设银行上地路支行	101-77669200	外币

3. 存货分类如表 19-2 所示。

表19-2　存 货 分 类

类别编码	类别名称
1	原材料
2	库存商品
3	应税劳务

4. 存货档案如表 19-3 所示。

表19-3　存 货 档 案

存货编号	存货名称	计量单位	存货分类	存货属性	税率
YL01	棉布网衬	米	原材料	外购、生产耗用	13%
YL02	化纤布	米	原材料	外购、生产耗用	13%
CP01	衬衣	件	库存商品	销售、自制	13%
CP02	运动服	套	库存商品	销售、自制	13%
YF01	运费	次	应税劳务	劳务费用	9%

5. 仓库档案如表 19-4 所示。

表19-4　仓 库 档 案

仓库编码	仓库名称	所属部门	计价方式
1	原材料库	仓库管理部	先进先出法
2	产成品库	仓库管理部	全月平均法

6. 应付款期初余额如表 19-5 所示。

表19-5　应付款期初余额

单据类型	发票号	时间	供应商	存货	数量	单价/元	税率	金额/元	会计科目
采购专用发票	66925	2019.12.30	毛纺厂	化纤布	7 500	20	13%	169 500	应付账款
采购专用发票	36761	2019.9.5	侬经	棉布网衬	5 000	10	13%	56 500	应付账款

7. 应收款期初余额如表 19-6 所示。

表19-6　应收款期初余额

单据类型	时间	客户	存货	数量	单价/元	税率	金额/元	会计科目
销售专用发票	2018.2.5	世纪晨光	衬衣	1 250	120	13%	169 500	应收账款
销售专用发票	2019.7.17	华夏	运动服	500	500	13%	282 500	应收账款
销售专用发票	2019.11.29	中建	运动服	500	600	13%	339 000	应收账款

8. 设置库存系统的系统控制参数为"允许零出库"。

9. 库存的期初数据如表 19-7 所示。

表19-7　存货期初数据

存货编号	存货名称	计量单位	数量	单价/元	金额/元	仓库
YL01	棉布网衬	米	5 000	12.4	62 000	原材料库
YL02	化纤布	米	5 000	19	95 000	原材料库
CP01	衬衣	件	5 000	70	350 000	产成品库
CP02	运动服	套	8 000	100	800 000	产成品库

10. 存货科目如表 19-8 所示。

表19-8　存货科目

仓库名称	存货科目
原材料库	原材料
产成品库	库存商品

11. 企业存货对方科目如表 19-9 所示。

表19-9　企业存货对方科目

类别编码	类别名称	存货对方科目
11	采购入库	在途物资
21	销售出库	主营业务成本

12. 客户往来科目如表 19-10 所示。

表19-10 客户往来科目

往来项目	核算科目
应收科目	应收账款
销售收入科目	主营业务收入
应交增值税科目	应交税费——应交增值税（销项税额）
销售退回科目	主营业务收入
预收科目	预收账款

13. 客户往来结算方式科目如表 19-11 所示。

表19-11 客户往来结算方式科目

结算方式编码	结算方式名称	核算科目
01	现金	库存现金
021	现金支票	银行存款——招商存款
022	转账支票	银行存款——招商存款
03	银行汇票	银行存款——招商存款
04	银行本票	银行存款——招商存款
051	商业承兑汇票	应收票据
052	银行承兑汇票	应收票据
07	汇兑	银行存款——招商存款
071	电汇	银行存款——招商存款
072	信汇	银行存款——招商存款

14. 供应商往来科目如表 19-12 所示。

表19-12 供应商往来科目

往来项目	核算科目
应付科目	应付账款
采购科目	在途物资
采购税金科目	应交税费——应交增值税（进项税额）
预付科目	预付账款

15. 供应商往来结算方式科目如表 19-13 所示。

表19-13　供应商往来结算方式科目

结算方式编码	结算方式名称	核算科目
01	现金	库存现金
021	现金支票	银行存款——招商存款
022	转账支票	银行存款——招商存款
03	银行汇票	其他货币资金
04	银行本票	其他货币资金
051	商业承兑汇票	应付票据
052	银行承兑汇票	应付票据
06	委托收款	银行存款——招商存款
071	电汇	银行存款——招商存款
072	信汇	银行存款——招商存款

四、操作提示

1. 以账套主管 ZZ01 陈天立的身份注册"系统管理"分别启用"购采销存管理"及"核算"系统，启用日期均为"2020 年 1 月 1 日"。

2. 在【基础设置】|【收付结算】|【开户银行】中设置开户银行。

3. 在【基础设置】|【存货】|【存货分类】中设置存货分类。

4. 在【基础设置】|【存货】|【存货档案】中设置存货档案。

5. 在【基础设置】|【购销存】|【仓库档案】中设置仓库档案。设置时要注意这两个仓库的计价方式。

6. 在【采购】|【供应商往来】|【供应商往来期初】中录入应付款项的期初余额。在录入时要特别注意发票中的会计科目项。已经录入的第一张发票，如图 19-1 所示。

7. 录入完成应付款项的期初余额后要与总账进行对账。对账结果如图 19-2 所示。

8. 单击【采购】|【期初记账】，将采购系统的期初数据记账。

9. 在【销售】|【客户往来】|【客户往来期初】中录入应收款项的期初余额。在录入时要特别注意发票中的会计科目项。应收款项的期初余额录入完成后要与总账进行对账。对账结果如图 19-3 所示。

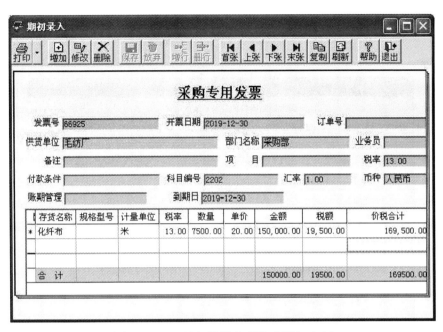

图 19-1　已录入的供应商往来期初余额

科目		应付期初		总账期初		差额	
编号	名称	原币	本币	原币	本币	原币	本币
1123	预付账款	0.00	0.00	0.00	0.00	0.00	0.00
2202	应付账款	226,000.00	226,000.00	226,000.00	226,000.00	0.00	0.00
	合计		226,000.00		226,000.00		0.00

图 19-2　供应商往来的期初余额与总账的对账结果

科目		应收期初		总账期初		差额	
编号	名称	原币	本币	原币	本币	原币	本币
1122	应收账款	791,000.00	791,000.00	791,000.00	791,000.00	0.00	0.00
2203	预收账款	0.00	0.00	0.00	0.00	0.00	0.00
	合计		791,000.00		791,000.00		0.00

图 19-3　客户往来的期初余额与总账的对账结果

10. 选择【库存】|【库存业务范围设置】，在系统参数设置中设置"允许零出库"，如图
19-4所示。

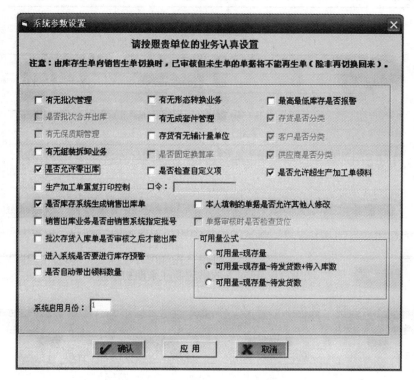

图 19-4 设置"允许零出库"

11. 在【库存】|【期初数据】|【库存期初】中录入库存管理系统各仓库的期初数据。
录入完成每个仓库的期初数据后要注意保存。把所有仓库的期初余额录入完成后要进行
"记账"。

12. 在【核算】|【科目设置】|【存货科目】中设置"存货科目"。此时要特别注意，由
于在启用购销存系统后直接对存货的一级会计科目进行核算，而恢复的"上机实验备份/
（3）实验三"的数据中已经在"原材料"和"库存商品"科目中设置了下级科目，需要在设
置"存货科目"前先删除"原材料"和"库存商品"科目相应的期初余额，然后再删除这两
个科目的下级科目，而后再录入"原材料"和"库存商品"科目相应的期初余额。已经设置
的"存货科目"如图 19-5 所示。

13. 在【核算】|【科目设置】|【存货对方科目】中设置"存货对方科目"，其中应先删
除"主营业务成本"和"主营业务收入"两个会计科目的二级科目，再设置"销售出库"的
对方科目是"主营业务成本"。

14. 在【核算】|【科目设置】|【客户往来科目】中设置"客户往来科目"。

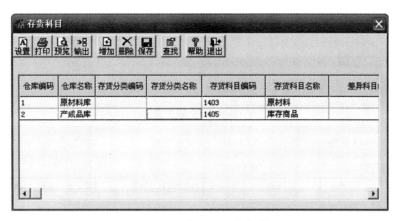

图 19-5 已设置的"存货科目"

15. 在【核算】|【科目设置】|【客户往来科目】中设置"结算方式科目"。

16. 在【核算】|【科目设置】|【供应商往来科目】中设置"供应商往来科目"。

17. 在【核算】|【科目设置】|【供应商往来科目】中设置"结算方式科目"。

18. 实验十九的操作结果已经备份至"上机实验备份 /（19）实验十九"。

五、拓展任务

1. 存货的计价方式应该在哪里设置?

2. 收发类别与采购类型及销售类型设置是否有先后顺序的要求?

3. 设置存货属性有何作用?

4. 如果要对存货进行分类管理,而本账套却不允许对存货进行分类,应该怎么办?

5. 哪些操作员可以进行系统启用的操作?

6. 是否设置本企业开户银行对日常业务有何影响?

7. 在图 19-6 中可以看到什么问题?原因何在?

科目		应付期初		总账期初		差额	
编号	名称	原币	本币	原币	本币	原币	本币
1123	预付账款	0.00	0.00	0.00	0.00	0.00	0.00
2202	应付账款	237,042.00	237,042.00	229,320.00	229,320.00	7,722.00	7,722.00
	合计		237,042.00		229,320.00		7,722.00

图 19-6 应付账款与总账的对账结果

8. 在什么情况下会出现如图 19-7 所示的单据类型?

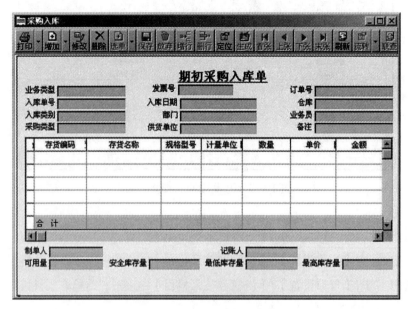

图 19-7　期初采购入库单

9. 哪些系统不进行期初记账就不能进行日常业务处理?

10. 在存货核算系统中可以进行哪些科目的设置? 主要作用是什么?

11. 仓库中的存货期初余额可以在哪里录入?

12. 设置往来系统的结算方式科目有何作用?

第7单元
采购管理

 功能概述

采购管理是企业物资供应部门按照企业的物资供应计划，通过市场采购、加工订制等渠道取得企业生产经营活动所需要的各种物资的活动。采购业务的状况会直接影响到企业的整体运营状况，采购作业管理不善会造成生产缺料或物料过剩。而无论是生产缺料还是物料过剩都将会给企业造成无法计算的损失。

采购管理系统是畅捷通 T3 企业管理软件的一个子系统，与"库存管理"及"存货核算"系统联合使用可以追踪存货的入库信息，把握存货的畅滞信息，从而减少盲目采购，避免库存积压，同时可以将采购结算成本自动记录到存货成本（原材料、库存商品）账中，便于财务部门及时掌握存货采购成本。

采购管理系统主要提供对企业采购业务全流程的管理。采购管理系统支持以采购订单为核心的业务模式，其主要任务是在采购管理系统处理采购入库单和采购发票，并根据采购发票确认采购入库成本及采购付款的全过程管理。

采购管理的主要功能是进行采购订单处理，动态掌握订单执行情况。向拖期交货的供应商发出催货函；处理采购入库单、采购发票，并根据采购发票确认采购成本；处理采购付款业务，处理采购退货业务，进行单据查询及账表的查询、统计。

（1）采购订单管理。根据订货情况输入、修改、查询供货单位、供货数量等信息，审核采购订单，了解订单的执行或未执行情况。

（2）采购到货。可以根据采购订单和实际到货数量入库，可以暂估入库，还可以根据采购发票报账入库。支持退货负入库和冲单负入库，并可处理采购期初退货。

（3）采购发票。可以对供货单位开具的发票进行处理。采购发票分为增值税专用发票、普通发票、运费发票、其他票据等。发票可以根据入库单产生，可以处理负数发票，还可以进行现付款结算。

（4）采购结算。采购结算是根据入库单、发票确认其采购入库成本。采购结算可以由计算机自动结算也可以手工进行结算。

（5）费用分配。工业企业可以将采购发票的费用或费用发票的金额按入库数量或入库金额分摊到入库成本中。

（6）采购往来管理。在单据结算功能中可以通过填制付 / 收款单进行付款结算。对发票及应付单进行核销，还可以在转账功能中实现应付冲应付、预付冲应付、应付冲应收、红票对冲等转账业务处理。

（7）采购账表。可以根据不同的查询条件分别查询采购明细表和采购统计表。

主要任务

系统学习采购管理系统中采购业务处理的流程。能够掌握采购订单管理，采购入库单、采购发票、采购结算、采购付款等业务处理的原理和操作方法以及采购账表的查询方法。能够正确填制采购订单、采购入库单、采购发票并进行采购结算、采购付款等业务的处理。

了解采购账表的查询方法及采购管理系统控制参数对日常业务处理的影响。采购管理的主要任务如下图所示。

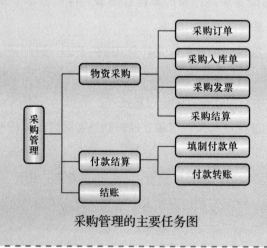

采购管理的主要任务图

实验二十　采购业务（一）

一、实验目的

世纪天成公司自 2020 年 1 月启用购销存系统并进行了系统参数设置、录入了期初余额并进行期初记账后，便可以开始进行购销存业务处理。首先从采购业务开始熟悉购销存业务处理的主要内容。此实验的目的是了解采购业务中的各个环节到底要完成哪些业务单据的填写，各单据之间有何联系，对采购业务分别会产生什么影响，其后续的业务处理是什么；了解采购成本是如何计算的；了解一旦出现错误应该如何进行修改。

二、实验要求

由采购员"ZZ06"（周齐）填制采购订单、采购入库单及采购发票；由业务主管"ZZ05"（赵雨同）分别审核采购订单和采购发票并进行采购结算。

三、实验资料

1. 2020 年 1 月 9 日，由采购部周齐向清河毛纺厂（以下简称"毛纺厂"）购入化纤布，已签订协议，协议内容如表 20-1 所示。

表20-1　清河毛纺厂采购信息表

供货单位	存货	数量/米	单价/元	计划到货日期
清河毛纺厂	化纤布	5 000	20.50	2020.1.16

2. 10 日，采购部邓芳与侬经纺织有限公司（以下简称"侬经公司"）签订协议，购入棉布网衬 1 000 米，单价 12.04 元，如表 20-2 所示。

表20-2　侬经公司采购信息表

供货单位	存货	数量/米	单价/元	计划到货日期
侬经	棉布网衬	1 000	12.04	2020.1.23

3. 16日，向清河毛纺厂采购的化纤布到货，验收时发现化纤布是 4 500 米（经协商按 4 500 米作为采购数量并于后期支付款项），化纤布已入库，同时收到采购员转来的清河毛纺厂化纤布的采购专用发票（发票号：T5678，增值税税率为 13%）和 500 元专用运费发票（增值税税率为 9%）一张，未支付款项。

4. 23日，收到侬经公司采购专用发票一张（发票号：H65465，增值税税率为 13%），数量为 1 000 米，验收货物时发现有 10 米损耗（属于定额内损耗），货物已入原材料库，款项尚未支付。

四、操作提示

1. 1月9日，由采购员"ZZ06"（周齐）在【采购】|【采购订单】中填制"采购订单"。已填制的采购订单如图 20-1 所示。

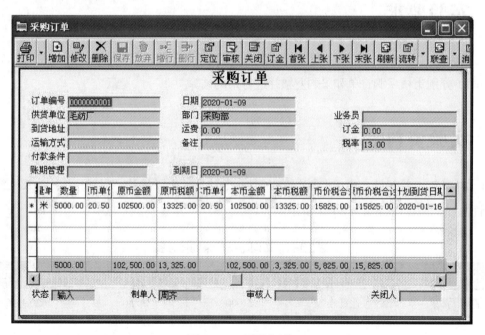

图 20-1 采购订单

2. 1月10日，由采购员"ZZ06"（周齐）在【采购】|【采购订单】中填制"采购订单"。

3. 由业务主管"ZZ05"（赵雨同）分别审核两张采购订单。

4. 1月16日，采购员"ZZ06"（周齐）在【采购】|【采购入库单】中，选中"原料库"，选择"毛纺厂"的采购订单，生成"采购入库单"。由于订货数量是 5 000 米，而实际到货数量是 4 500 米，因此要修改采购入库单的数量为 4 500 米。

5. 在"采购入库单"的窗口中，单击【流转】按钮旁边的下三角按钮，选择"生成专用发票"选项，生成一张采购专用发票，录入发票号"T5678"，修改税率为13%。单击【保存】按钮，保存此发票。

6. 在"采购专用发票"窗口中，单击【增加】按钮旁边的下三角按钮，选择"专用运费发票"，录入并保存运费发票的内容，如图20-2所示。

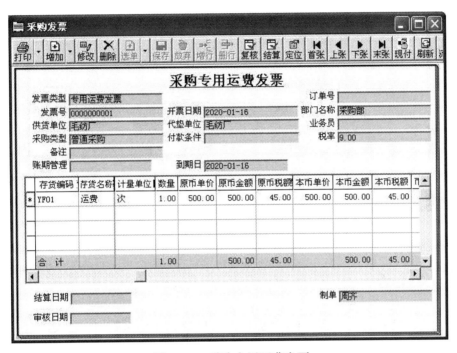

图20-2　采购专用运费发票

7. 由业务主管"ZZ05"（赵雨同）分别审核"采购专用发票"和"运费发票"。

8. 在【采购】|【采购结算】|【手工结算】中，将向毛纺厂购买化纤布的采购业务进行采购手工结算。

9. 1月23日，采购员"ZZ06"（周齐）在【采购】|【采购入库单】中，选中"原料库"，选择"依经公司"的采购订单，生成"采购入库单"。由于验收货物时发现有10米损耗，则入库数量修改为"990"米。生成"采购专用发票"，发票数量为1 000米。

10. 由业务主管"ZZ05"（赵雨同）审核"采购专用发票"并进行手工结算。手工结算时要录入定额内损耗"10"米。手工结算的内容如图20-3所示。

11. 实验二十的操作结果已经备份至"上机实验备份／（20）实验二十"。

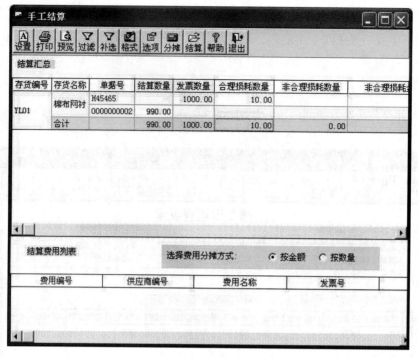

图 20-3　手工结算

五、拓展任务

1. 试一试如图 20-4 所示的"采购入库单"中【流转】按钮的作用。

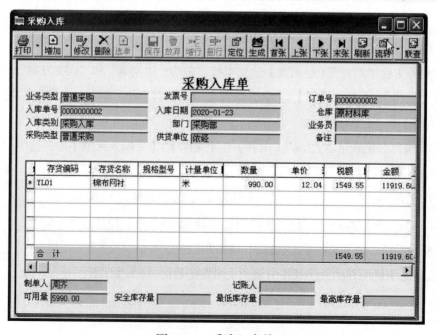

图 20-4　采购入库单

2. 发现如图 20-5 所示的"采购入库单"中有错误，应如何进行修改？

图 20-5　已经进行了采购结算的"采购入库单"

3. 在如图 20-6 所示的"结算单明细列表"中可以完成什么操作？

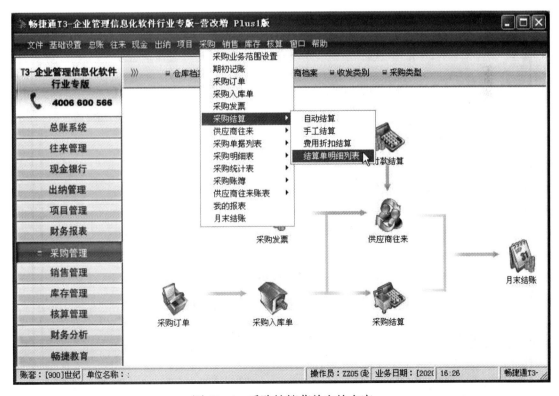

图 20-6　采购结算菜单中的内容

4. 填制一张如图 20-7 所示的采购运费发票，尝试一下"现付"的操作方法。

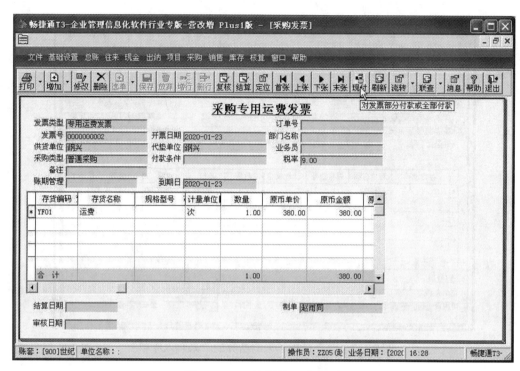

图 20-7 已填制的运费发票

5. 在如图 20-8 所示的专用发票中尝试一下【联查】按钮的作用。

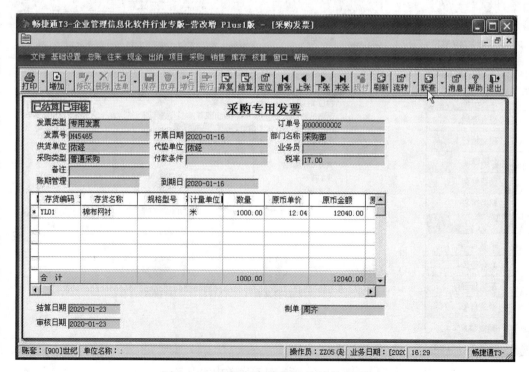

图 20-8 已填制审核并已结算的发票

实验二十一 采购业务（二）

一、实验目的

世纪天成公司在 2020 年 1 月已经应用采购管理系统填制了采购订单、采购入库单、采购发票并进行了相应的采购结算。那么，采购业务的发生必然会引发采购付款业务。此实验的目的是了解采购付款业务的种类及处理方法，特别要了解不同付款方式之间的区别，了解一旦出现了错误应该如何进行修改。

二、实验要求

由出纳员"ZZ04"（张宏予）完成所有采购付款业务的处理。

三、实验资料

1. 10 日，根据协议，开出转账支票（支票号：1861）向清河毛纺厂预付 10 000 元采购化纤布。

2. 23 日，开出转账支票（支票号：1865）支付 2019 年 12 月 30 日清河毛纺厂采购款 169 500 元。

3. 23 日，开出转账支票（支票号 1862）向毛纺厂支付本月 16 日采购化纤布货款及运费 104 787.5 元。

4. 23 日，开出转账支票（支票号：1864）支付侬经公司 60 000 元，偿还 2019 年 9 月 5 日的采购欠款 56 500 元，余款形成预付款。

四、操作提示

1. 1 月 10 日，由出纳员"ZZ04"（张宏予）选中【采购】|【供应商往来】|【付款结算】，在"单据结算"窗口填制并保存付款单，如图 21-1 所示。

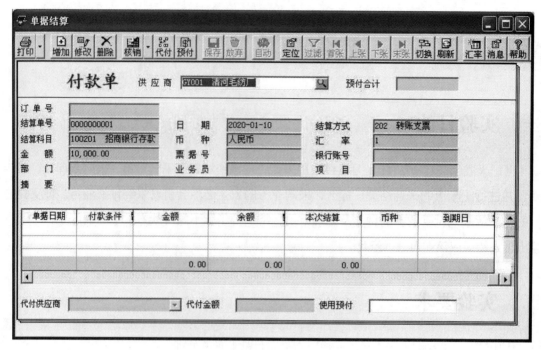

图 21-1 已经填制的付款单

单击【预付】按钮，形成"预付合计"10 000 元，如图 21-2 所示。

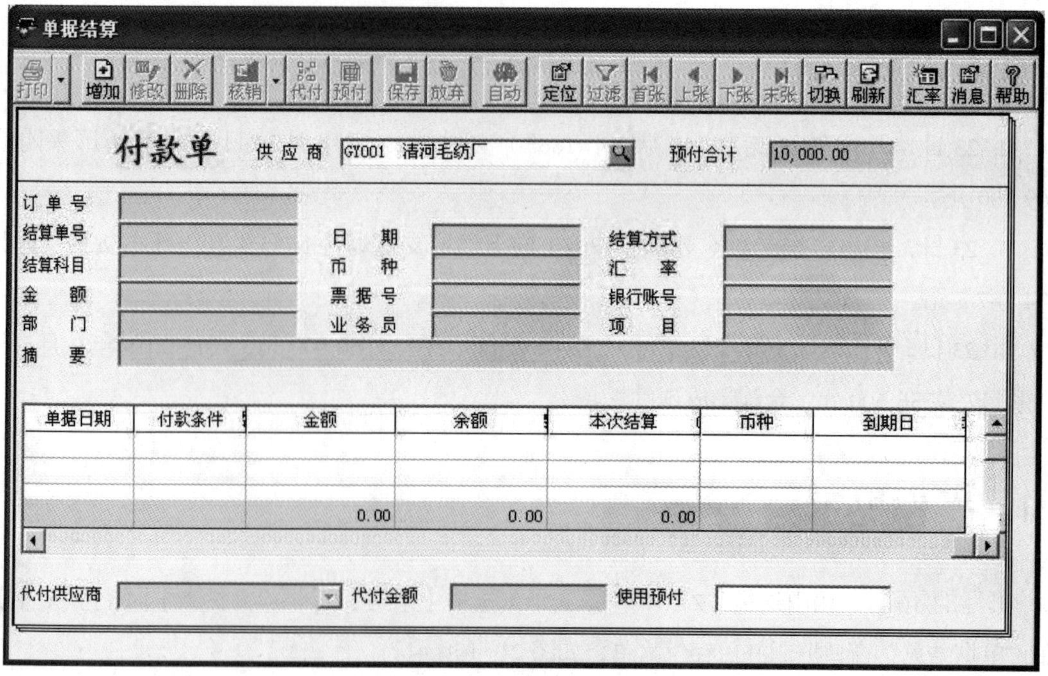

图 21-2 形成预付款

2. 27日，选中【采购】|【供应商往来】|【付款结算】，在"单据结算"窗口填制"付款单"，付款金额169 500元。本次结算金额169 500元。

3. 28日，选中【采购】|【供应商往来】|【付款结算】，在"单据结算"窗口填制"付款单"，付款金额104 787.5元（其中货税款104 287.5元，运费500元）。

4. 29日，选中【采购】|【供应商往来】|【付款结算】，在"单据结算"窗口填制"付款单"，付款金额60 000元，本次结算金额56 500元，如图21-3所示。

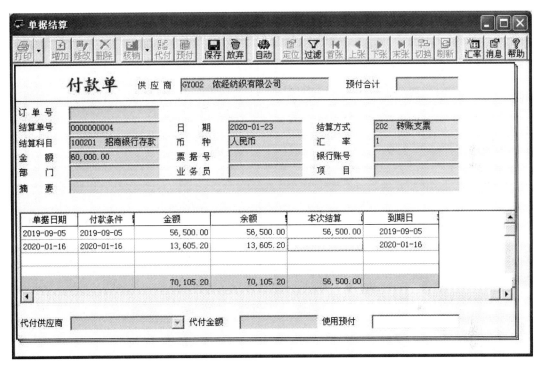

图21-3　与侬经公司的付款结算

5. 实验二十一的操作结果已经备份至"上机实验备份／（21）实验二十一"。

五、拓展任务

1. 为什么会出现如图21-4所示的提示？说出付款单上半部分左侧的"金额"与"本次结算金额"的关系。

2. 试一试如图21-5所示的"取消操作"的作用，说明在什么情况下会用到此功能？

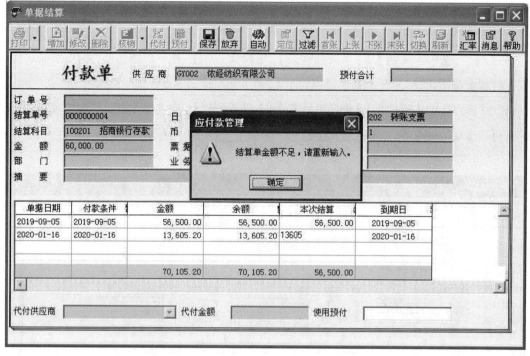

图 21-4　录入"本次结算金额"后的提示

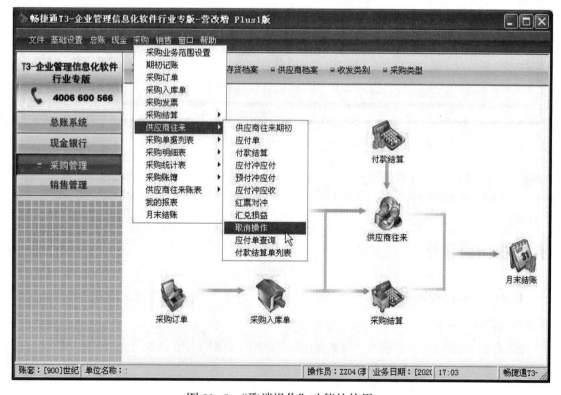

图 21-5　"取消操作"功能的使用

第8单元
销售管理

 功能概述

销售是企业生产经营成果的实现过程，是企业经营活动的中心。销售部门在企业中处于市场与企业接口的位置，其主要职能就是为客户提供产品及服务，从而实现企业的资金周转并获取利润，为企业提供生存与发展的动力。

销售管理系统是畅捷通 T3 企业管理软件的一个子系统，主要提供对企业销售业务全流程的管理。销售管理系统支持以销售订单为核心的业务模式，其主要任务是在销售管理系统处理销售发货单和销售发票，并根据销售发货单等发货成本信息确认销售成本及根据销售发票进行销售收款的全过程管理。在销售系统中，通过销售订货、发货、开票，处理销售发货和销售退货业务；同时在发货处理时可以对客户信用额度、存货现存量、最低售价等进行检查和控制，经审核的发货单可以自动生成销售出库单，冲减库存的现存量。可以进行账表查询及统计分析等。

由于销售管理与库存管理、总账系统的紧密联系，销售管理系统主要以与库存管理系统、存货核算系统、总账系统等产品并用的形态出现，一起组成完整的企业管理系统。与库存管理及存货核算系统联合使用可以追踪存货的出库信息、销售收款情况及销售成本的数据资料，及时了解企业的销售状况。当然，销售管理系统也可以独立使用。

销售管理系统的主要功能是进行销售订单处理，动态掌握订单执行情况；处理销售出库单、销售发票，并根据销售出库单等数据资料确认销售成本；处理销售收款业务，处理销售退货业务，进行单据查询及账表的查询、统计。

（1）订货。根据订货情况输入、修改、查询供货单位、供货数量等，审核销售订单，

了解订单的执行或未执行情况。

（2）发货。处理销售发货和销售退货业务，可根据订单发货，并处理发货折扣；同时在发货处理时可以对客户信用额度、存货现存量、最低售价等进行检查和控制，经审核的发货单可以自动生成销售出库单。

（3）开票。处理普通销售发票和专用销售发票的开票业务，可以根据订单开票，在先发货后开票的业务模式下可以汇总发货单开票，并可以处理销售折扣，同时在开票处理时可以对客户信用额度、存货现存量、最低售价等进行检查和控制，在先开票后发货的业务模式下经审核的发票可以自动生成发货单和销售出库单。

（4）价格管理。提供存货价格、客户价格管理功能，制订或修改用于销售的各存货的参考售价，以此作为货物销售的报价。提供按加价率自动批量调价的功能。

（5）代垫费用。处理随同货物销售所发生的各种代垫费用，如运杂费等。

（6）销售支出。反映在货物销售过程中发生的各种销售费用和支出的情况。在销售业务中发生的销售折让等可以通过本功能进行处理。

（7）销售往来管理。在单据结算功能中可以通过填制收/付款单进行收款结算；可以对发票及应收单进行核销；还可以在转账功能中实现应收冲应收、预收冲应收、应收冲应付、红票对冲等转账业务处理。

（8）销售账表。可以根据不同的查询条件分别查询销售明细表和销售统计表。

 主要任务

系统学习销售管理系统中的销售业务处理的流程，销售订单管理、销售发货单、销售发票、销售收款等业务处理的原理和操作方法以及销售账表的查询方法等。能够填制销售发票、销售发货单并进行销售收款等业务处理。了解销售账表的查询方法，销售管理系统控制参数对日常业务处理的影响。销售管理的主要任务如下图所示。

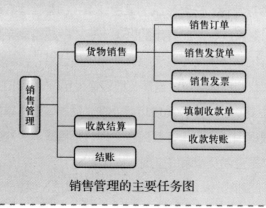

销售管理的主要任务图

实验二十二　销售业务（一）

一、实验目的

世纪天成公司自 2020 年 1 月在启用了购销存管理系统，并成功地使用了采购管理系统后，开始尝试使用销售管理系统进行销售业务的处理。此实验的目的是了解销售业务中的各个环节到底都要完成哪些业务单据的填写，各单据之间有何联系，对销售业务分别会产生什么影响，其后续的业务处理是什么。了解一旦出现错误应该如何进行修改。

二、实验要求

由销售员"ZZ07"（武顺）填制销售订单、销售发货单及销售发票；由业务主管"ZZ05"（赵雨同）分别审核销售订单和销售发票。

三、实验资料

1. 8 日，与聚力公司签订销售协议，销售如表 22-1 所示的产品。

表22-1　销售产品信息表（聚力公司）

存货	数量/件	无税单价/元	预发货日期
运动服	1 500	200.00	2020.1.20

2. 15 日，与永连泰公司签订销售协议，销售如表 22-2 所示的产品。

表22-2　销售产品信息表（永连泰公司）

存货	数量/件	无税单价/元	预发货日期
衬衣	200	130.00	2020.1.23
运动服	300	450.00	2020.1.23

3. 20日，向聚力公司发出货物，同时开出销售专用发票（增值税税率为13%）。

4. 23日，向永连泰公司发出货物，经协商发出300件衬衣及300套运动服，并开具销售专用发票（增值税税率为13%）。

四、操作提示

1. 1月8日，销售员"ZZ07"（武顺）在【销售】|【销售订单】中填制"销售订单"，如图22-1所示。

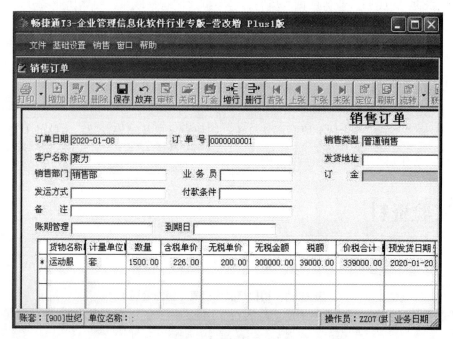

图 22-1 销售订单

2. 1月15日，销售员"ZZ07"（武顺）在【销售】|【销售订单】中填制向永连泰公司销售的"销售订单"。

3. 由业务主管"ZZ05"（赵雨同）审核两张销售订单。

4. 1月20日，销售员"ZZ07"（武顺）在【销售】|【销售发货单】中根据与聚力公司签订的"销售订单"生成"销售发货单"，单击【流转】按钮旁边的下三角按钮，选择"生成专用发票"，生成"销售专用发票"并复核。

5. 1月20日，销售员"ZZ07"（武顺）在【销售】|【销售发货单】中根据与永连泰公司签订的"销售订单"生成"销售发货单"，单击【流转】按钮旁边的下三角按钮，选择"生成专用发票"，生成"销售专用发票"并复核。

6. 实验二十二的操作结果已经备份至"上机实验备份 /（22）实验二十二"。

五、拓展任务

1. 试一试如图 22-2 中的销售专用发票中【代垫】按钮和【现结】按钮的作用。

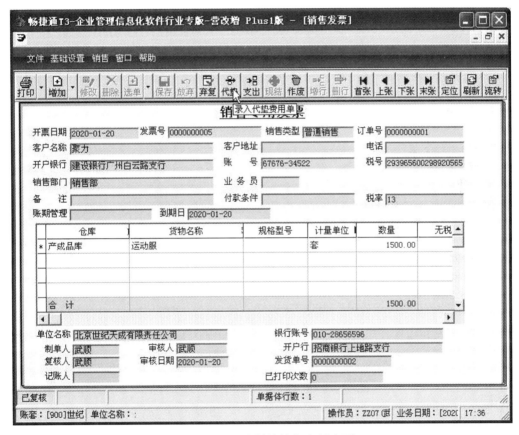

图 22-2 已填制的销售专用发票

2. 试说明"销售订单"与"销售发货单""销售专用发票"中数量及金额的关系。

3. 如果一笔销售业务在开具发票时同时发货，试着先填制"销售专用发票"再查看由系统自动生成的"销售发货单"的内容。

4. 试一试"销售专用发票"中【支出】按钮的作用。

实验二十三　销售业务（二）

一、实验目的

世纪天成公司在 2020 年 1 月已经启用销售系统，填制了销售订单、销售发货单、销售发票。那么，销售业务的发生必然会引发销售收款业务。此实验的目的是了解销售收款业务的种类及处理方法。特别要了解不同收款方式之间的区别。了解一旦出现了错误应该如何进行修改。

二、实验要求

由出纳员"ZZ04"（张宏予）完成所有采购付款业务的处理。

三、实验资料

1. 13 日，收到世纪晨光公司开具的转账支票一张，偿付 2018 年 2 月 5 日的欠款 169 500 元。

2. 13 日，收到华夏公司转账支票一张，款项 300 000 元，偿付 2019 年 7 月 17 日的欠款 282 500 元，余款作为预收款。

3. 14 日，收到聚力公司转账支票一张，预付款项 300 000 元。

4. 23 日，收到永连泰公司支票一张，支付 23 日发出商品款 181 930 元。

5. 23 日，经协商聚力公司未结算余款 339 000 元转到永连泰公司。

四、操作提示

1. 1 月 13 日，出纳员"ZZ04"（张宏予）选中【销售】|【客户往来】|【收款结算】，填制并保存收款单，如图 23-1 所示。

2. 1 月 13 日，出纳员"ZZ04"（张宏予），选中【销售】|【客户往来】|【收款结算】，填制"收款单"。本次收款金额 300 000 元，本次结算金额为 282 500 元，如图 23-2 所示。

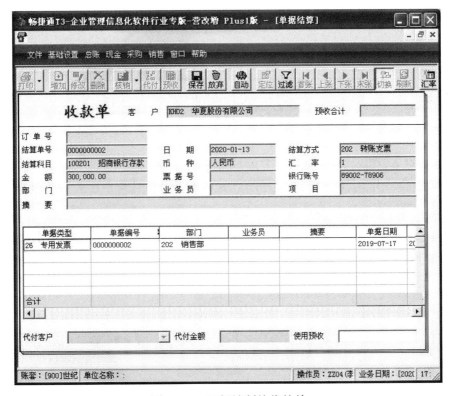

图 23-1　已经填制的收款单

图 23-2　已经填制的收款单

3. 1月13日，出纳员"ZZ04"（张宏予）选中【销售】|【客户往来】|【收款结算】，填制并保存收款单，如图23-3所示。

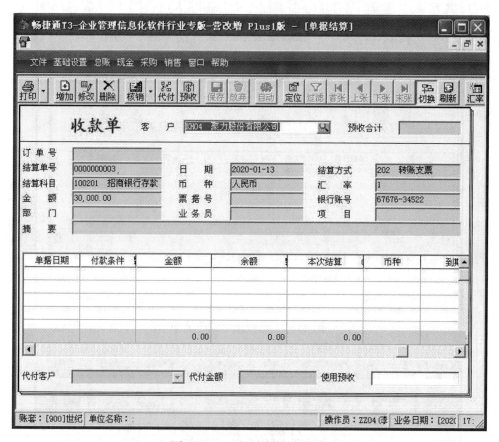

图23-3 已经填制的收款单

单击【预收】按钮，形成"预收合计"300 000元，如图23-4所示。

4. 1月23日，出纳员"ZZ04"（张宏予）选中【销售】|【客户往来】|【收款结算】，填制"收款单"，本次收款金额181 930元，本次结算金额为181 930元。

5. 1月23日，出纳员"ZZ04"（张宏予），选中【销售】|【客户往来】|【应收冲应收】，转出户选择"聚力"公司，转入户选择"永连泰"公司，单击【过滤】按钮，在并账金额栏自动生成"339 000"，如图23-5所示。

单击【确认】按钮。

6. 实验二十三的操作结果已经备份至"上机实验备份／（23）实验二十三"。

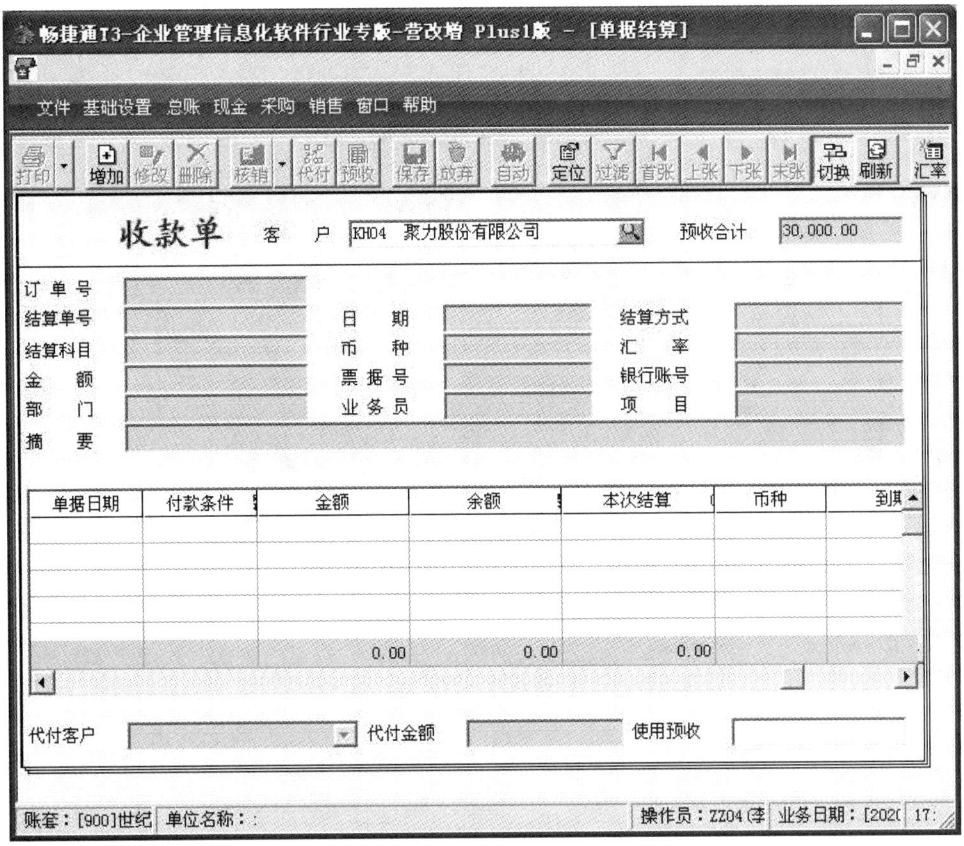

图 23-4　形成预付款

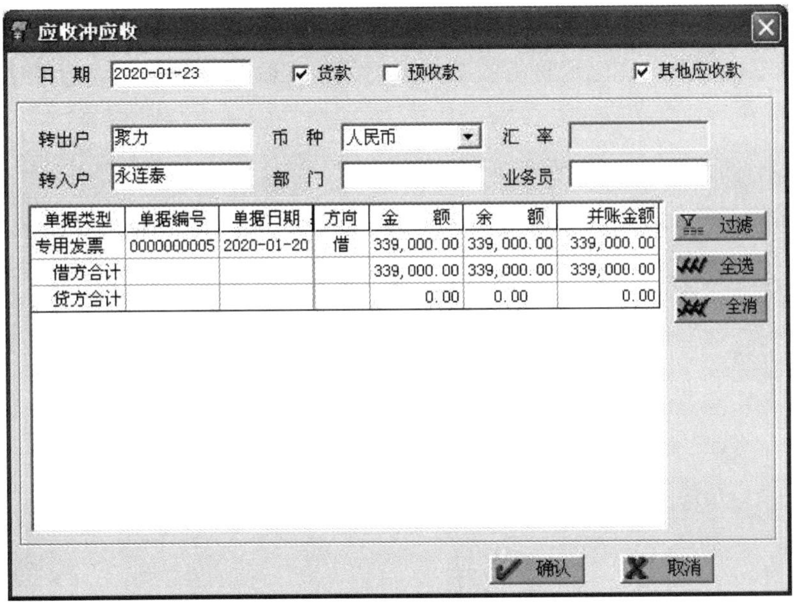

图 23-5　应收冲应收

五、拓展任务

1. 在如图 23-6 中所进行的结算是否可以进行？企业的资产及负债将会发生什么变化？

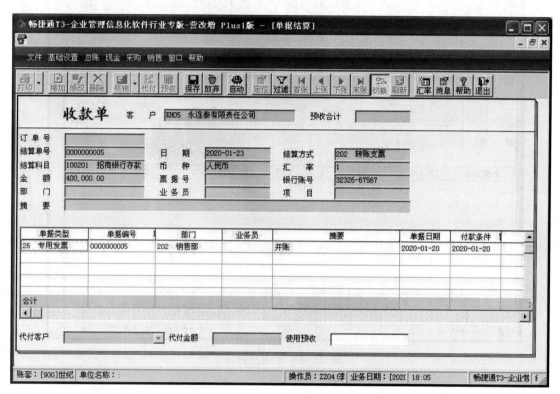

图 23-6 已填制的收款单

2. 如果一笔销售业务在已经进行收款结算后才发现收款金额与结算金额错误，应该怎么办？

3. 如何进行应收冲应收业务的处理？

4. 如何进行预收冲应收业务的处理？

5. 如果一笔应收冲应收的业务处理错误，应该如何进行修改？

第9单元
库存管理

 功能概述

存货是指企业在生产经营过程中为销售或耗用而储存的各种资产，包括商品、产成品、半成品、在产品以及各种材料、燃料、包装物、低值易耗品等。存货是企业一项重要的流动资产，其价值在企业流动资产中占有很大的比重。适量的存货是保证企业生产经营顺利进行的必要条件。

库存管理的主要任务是通过对企业存货进行管理，正确计算存货购入成本，促使企业努力降低存货成本；反映和监督存货的收发、领退和保管情况；反映和监督存货资金的占用情况，促进企业提高资金的使用效果。

库存管理系统主要提供对企业库存业务全流程的管理，为企业管理者提供一个在新的市场竞争环境下，使资源合理应用、提高经济效益的库存管理方案，满足当前企业利用计算机进行库存管理的需求。企业可以根据本单位实际情况构建自己的库存管理平台。

库存管理的主要功能是有效管理库存商品，对存货进行入库及出库管理，并有效地进行库存控制，时时地进行库存账表查询及统计分析，能够满足采购入库、销售出库、产成品入库、材料出库、其他出入库等业务需要，并且提供仓库货位管理、批次管理、保质期管理、不合格产品管理、现存量管理、条形码管理等业务的全面功能应用。该系统适合于各种类型的工商业企业，如制造业、医药、食品、批发、零售、批零兼营等。库存管理系统的主要功能包括：

（1）采购入库。处理采购入库、退货业务的审核操作。

（2）销售出库。管理销售出库、退库业务，在启用销售管理系统的情况下，可以根据发票或发货单生成销售出库单。

（3）其他入库。处理采购业务以外的各种业务，如盘盈入库、调拨入库、组装拆卸入库、形态转换入库等其他入库业务。

（4）其他出库。处理销售出库以外的各种业务，如盘亏出库、调拨出库、组装拆卸出库、形态转换出库等其他出库业务。

（5）产成品入库。处理工业企业的产成品入库、退回业务。

（6）材料出库。处理工业企业的领料、退料业务，并可实现配比出库。

（7）调拨。处理仓库间的实物移动和分销意义上的仓库分配、调拨业务。

（8）盘点。可以按仓库、批次进行盘点，并根据盘点表自动生成盘盈入库单、盘亏出库单，调整库存账。

（9）对账。进行库存管理系统内部对账、库存管理系统与存货核算系统对账、库存台账和货位卡片核对。

（10）账表管理。可以根据企业的实际需要自定义账表的输出格式和输出内容，自定义账表名称并保存。

（11）账簿查询及统计分析。可以时时查询出入库流水账、库存台账、批次台账、存货结存表、批次结存表、发存汇总表及批次汇总表等。

主要任务

系统学习库存管理系统中库存业务处理的流程。能够掌握出入库单据，如销售出库、产品入库、材料出库、采购入库、其他出入库业务等工作原理、操作方法以及库存账表的查询方法等。能够审核采购入库单、销售出库单；填制并审核材料出库单、产品入库单、其他出入库等。了解库存账表的查询方法，库存管理系统控制参数对日常业务处理的影响。库存管理的主要任务如下图所示。

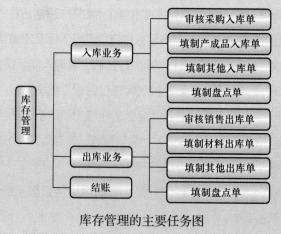

库存管理的主要任务图

实验二十四　库存业务

一、实验目的

世纪天成公司自 2020 年 1 月在启用了购销存管理系统，并成功地使用了采购管理系统和销售管理系统之后，开始尝试使用库存管理系统进行库存业务的处理。此实验的目的是了解库存管理系统中到底可以处理哪些业务，其与采购管理系统、销售管理系统及存货核算系统到底存在怎样的数据传递关系；了解一旦出现了错误应该如何进行修改。

二、实验要求

由库存管理员"ZZ08"（郑西详）完成库存管理系统的全部工作。

1. 审核采购入库单。

2. 审核销售出库单。

3. 填制材料出库单。

4. 填制产成品入库单。

5. 填制其他入库单。

6. 填制其他出库单。

7. 填制盘点单。

三、实验资料

1. 8 日，生产 500 套运动服，领用化纤布 1 200 米，棉布网衬 800 米。

2. 31 日，本月生产 500 套运动服全部完工，办理入库手续。

3. 31 日，企业接受投资人捐赠的化纤布 1 000 米，验收没有质量问题及数量问题后办理入库手续，入库成本为 20.00 元 / 米。

4. 31 日，企业盘点存货，盘点结果如表 24-1 所示。

表24-1 盘点结果

仓库	存货编号	存货名称	计量单位	盘点数量	账面数量
原材料库	YL01	棉布网衬	米	5 190	5 200
原材料库	YL02	化纤布	米	3 300	3 300
产成品库	CP01	衬衣	件	4 800	4 800
产成品库	CP02	运动服	套	6 700	6 700

四、操作提示

1. 由库存管理员"ZZ08"（郑西详），选中【库存】|【采购入库单审核】，分别审核两张采购入库单。

2. 由库存管理员"ZZ08"（郑西详），选中【库存】|【销售出库单生成／审核】，打开"销售出库单"窗口。单击【生成】按钮，分别生成两张"销售出库单"，分别审核两张"销售出库单"。

3. 1月8日，由库存管理员"ZZ08"（郑西详），选中【库存】|【材料出库单】，填制材料出库单，保存并审核材料出库单，如图24-1所示。

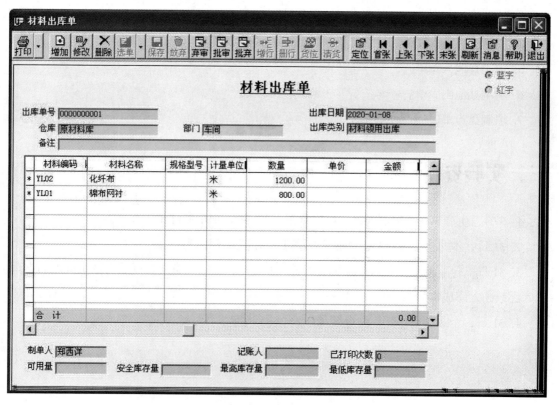

图 24-1 材料出库单

4. 1 月 31 日，由库存管理员 "ZZ08"（郑西详），选中【库存】|【产成品入库单】，填制产成品入库单如图 24-2 所示，保存后审核该产成品入库单。

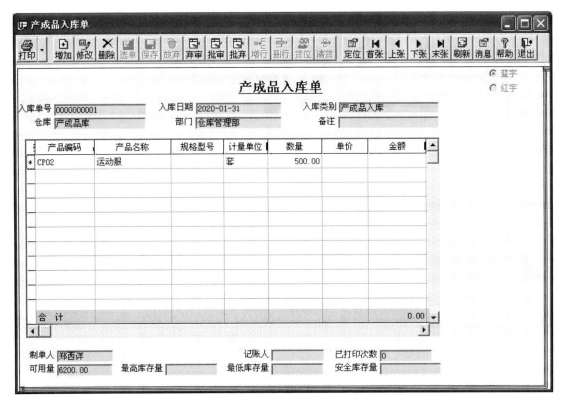

图 24-2　产成品入库单

5. 1 月 31 日，接受投资人捐赠的化纤布，填制 "其他入库单"，如图 24-3 所示。保存后审核该其他入库单。

6. 在【库存】|【库存其他业务】|【盘点单】功能中填制 "原材料库" 的盘点单，如图 24-4 所示。保存后审核该盘点单。

7. 继续对 "产成品库" 进行盘点。

8. 实验二十四的操作结果已经备份至 "上机实验备份 /（24）实验二十四"。

图 24-3 其他入库单

图 24-4 盘点单

五、拓展任务

1. 如果对外捐赠原材料应该如何进行处理?

2. 试一试"生产加工单"有何作用。

3. 应该如何查询"现存量"?

4. 在"出入库流水账"中可以查询到哪些信息?

第10单元
存货核算

 功能概述

　　存货是指企业在生产经营过程中为销售或耗用而储存的各种资产，包括商品、产成品、半成品、在产品以及各种材料、燃料、包装物、低值易耗品等。存货是保证企业生产经营过程顺利进行的必要条件。为了保障生产经营过程连续不断地进行，企业要不断地购入、耗用或销售存货。存货是企业一项重要的流动资产，其金额在企业流动资产中占有很大的比重。

　　在企业中，存货成本直接影响利润水平，尤其在市场经济条件下，存货品种日益更新，存货价格变化较快，企业领导层更加关心存货的资金占用及周转情况，因而使得存货核算的工作量越来越大。随着先进的计算机技术的不断发展，利用计算机技术来加强对存货的核算和管理不仅能减轻财务人员繁重的手工劳动，提高核算的精度，而且更重要的是能提高及时性、可靠性和准确性。

　　存货核算是企业会计核算的一项重要内容。进行存货核算，应正确计算存货购入成本，促使企业努力降低存货成本；反映和监督存货的收发、领退和保管情况；反映和监督存货资金的占用情况，促进企业提高资金的使用效果。主要内容包括以下几个方面：

　　（1）存货出入库成本的核算。存货核算系统可以对普通采购业务、暂估入库业务、普通销售业务及其他业务等各种出入库业务进行成本核算。

　　存货核算系统提供了按仓库、部门、存货三种成本核算方法，并提供了先进先出法、后进先出法、移动平均法、全月平均法、个别计价法、计划价/售价六种计价方法。在实际应用时，可以根据实际需要选择不同的核算方法和计价方法。

（2）暂估入库业务处理。暂估入库是指外购入库的存货发票未到，在无法确定其准确入库成本时，财务人员暂时按估计价格入账，待发票到达后，再红字予以冲回或调整其入库成本的业务。系统提供了月初回冲、单到回冲、单到补差三种常用暂估处理方式。系统将根据选择的暂估处理方式自动进行暂估入库业务的处理。

（3）出入库成本的调整。在出入库单据录入发生错误时，一般需要修改出入库单据，但遇到只需要调整金额而不需要调整数量的情况，可以通过系统提供的入库调整单和出库调整单进行出入库成本的调整。

（4）完整的账表、强大的查询功能。系统提供按仓库、存货或收发类别等多种口径进行统计的方法，具有强大丰富的综合统计查询功能，可灵活输出各类报表，可按照指定存货和指定仓库输出存货明细账、总账、差异明细账等。存货核算系统针对企业存货的收发存业务进行核算，掌握存货的耗用情况，及时准确地把各类存货成本归集到各成本项目和成本对象上，为企业的成本核算提供基础数据。并可动态地反映存货资金的增减变动情况，提供存货资金周转和占用情况的分析，在保证生产经营的前提下，降低库存量，减少资金积压，加速资金周转。

 主要任务

系统学习存货核算系统业务处理的流程。能够掌握财务、业务一体化的工作原理，明确存货核算与采购业务、销售业务及库存业务的关系，掌握存货入库成本及出库成本的计算方法。能够进行存货核算的初始设置，对单据进行记账处理。能够对与存货相关的业务进行账务处理。能够对暂估入库业务进行处理。了解存货账表的查询方法，存货管理系统控制参数对日常业务处理的影响。存货核算的主要任务如下图所示。

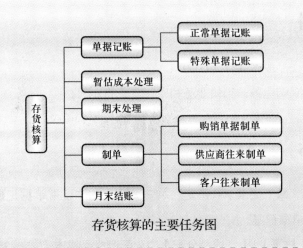

存货核算的主要任务图

实验二十五　存货核算业务

一、实验目的

　　世纪天成公司自 2020 年 1 月启用了购销存管理系统，并成功地使用了采购管理系统、销售管理系统和库存管理系统之后，开始尝试使用存货核算系统进行存货核算业务的处理，从而实现世纪天成公司财务与业务的一体化管理。此实验的目的是了解存货核算系统到底处理哪些业务，这些业务内容之间存在怎样的数据传递关系；了解存货核算系统与购销存系统及总账系统之间的关系；了解一旦出现了错误应该如何进行修改。

二、实验要求

　　由业务会计"ZZ03"（李烨）完成存货核算系统的全部工作。由业务主管"ZZ05"（赵雨同）分别对采购管理、销售管理和库存管理系统进行结账。

　　1. 正常单据记账。

　　2. 分配产成品成本。

　　3. 分别进行采购管理、销售管理和库存管理系统结账。

　　4. 对存货核算系统进行期末处理。

　　5. 分别进行购销单据制单、供应商往来制单和客户往来制单。

三、实验资料

　　1. 经过计算，产成品成本共计 49 000 元。

　　2. 已经完成所有采购业务、销售业务和库存业务的处理。

四、操作提示

　　1. 由"ZZ03"（李烨）登录 900 账套。单击桌面上的"正常单据记账"图标，选择所有要记账的仓库，进行单据记账。

　　2. 在【核算】|【核算】|【产成品分配】中分配产成品成本，如图 25-1 所示。

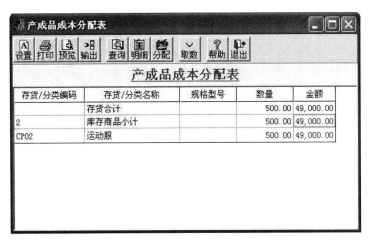

图 25-1 分配产成品成本

3. 单击【分配】按钮，分配产成品成本。再对产成品入库单进行"正常单据记账"。

4. 由业务主管"ZZ05"（赵雨同）分别对采购管理、销售管理和库存管理系统进行结账。

5. 由业务会计"ZZ03"（李烨）对存货核算系统进行期末处理。由于"产成品库"的计价方法是"全月一次加权平均法"，在没有进行期末处理之前不能计算"产成品库"发出存货的成本。

6. 采用"合成"制单的方式，生成"采购入库单"（报销制单）的记账凭证，如图 25-2 所示。

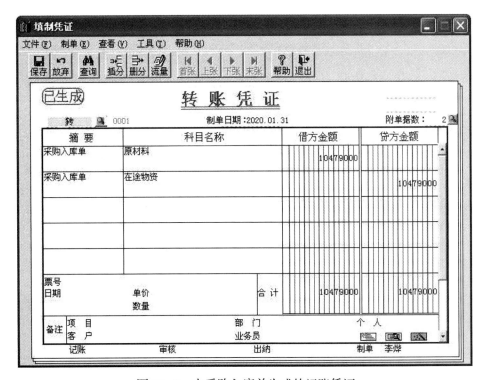

图 25-2 由采购入库单生成的记账凭证

7. 采用"合成"制单的方式，生成"其他入库单"的记账凭证，如图25-3所示。

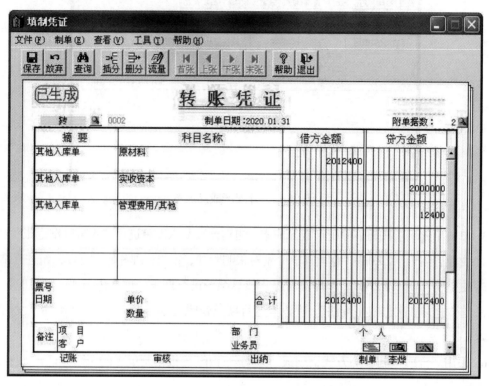

图25-3　由其他入库单生成的记账凭证

8. 继续生成"产成品入库单"的记账凭证。注意，由于此实验中没有制造费用和工资费用发生的数据，这里只结转了"生产成本——直接材料"的成本，这样的做法是不符合企业的实际情况的。

9. 继续生成"销售出库单"的记账凭证。

10. 采用合并制单方式，生成"供应商往来制单"中"发票制单"的记账凭证，如图25-4所示。

11. 采用合并制单方式，生成"供应商往来制单"中"核销制单"的记账凭证。

12. 采用合并制单方式，生成"客户往来制单"中"发票制单"的记账凭证。

13. 采用合并制单方式，生成"客户往来制单"中"核销制单"的记账凭证。

14. 实验二十五的操作结果已经备份至"上机实验备份／（25）实验二十五"。

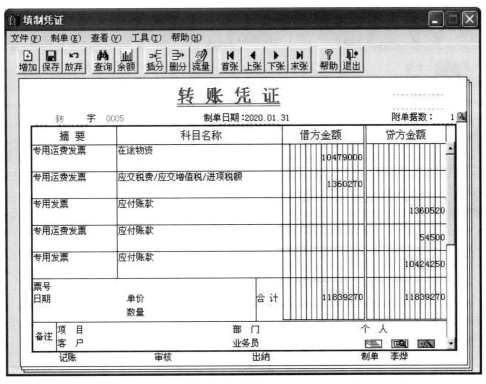

图 25-4　由采购发票生成的记账凭证

五、拓展任务

1. "核销制单"是针对哪种业务所进行的凭证处理?

2. 存货核算管理系统"月末处理"的前提条件有哪些?

3. 试一试如图 25-5 所示的"凭证"菜单中,除了可以生成记账凭证,还可以进行哪些操作?

4. 可以在哪里查询每个仓库一定时期内存货出入库的数量和金额?

5. 如图 25-6 所示的"现结制单"是针对哪种业务所进行的凭证处理?

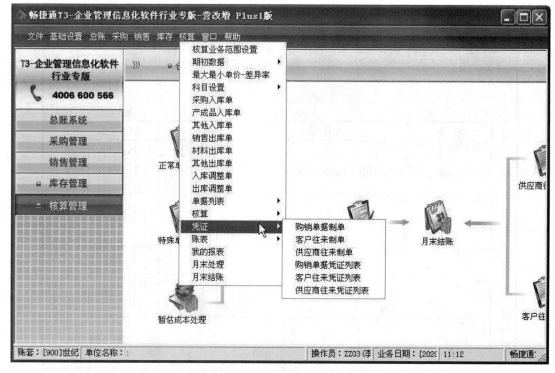

图25-5　凭证菜单及其下级菜单

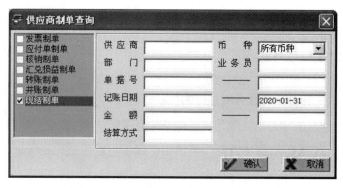

图25-6　选择供应商往来制单的种类

综合实验三

一、实验目的

依据一个小企业简单而全面的案例资料,实现企业的会计信息化。全面检验学习者对财务、业务一体化实施方案的设计能力和财务、业务一体化的综合业务的处理能力。

二、实验要求

1. 设置操作员、建立账套并设置操作员的权限。

2. 进行基础设置。

3. 录入总账系统的期初余额。

4. 分别进行采购管理、销售管理、库存管理和存货核算系统的初始化。

5. 分别录入采购管理、销售管理和库存管理(核算)系统的期初余额,录入余额后与总账系统进行对账。

6. 分别进行采购管理系统和库存管理(核算)系统的期初记账。

7. 分别完成总账、采购、销售、库存和核算系统的日常业务处理的操作。

8. 分别完成总账管理、采购管理、销售管理、库存管理和存货核算系统的期末业务处理。

9. 编制资产负债表和利润表。

三、实验资料

（一）企业基本信息

1. 财务部人员及其分工如下：

姓名	岗位	操作权限
程果	财务主管	账套主管
黄燕	总账会计	公用目录设置、总账、现金管理、往来、核算、应付管理、应收管理
蒋建	出纳	总账、应付管理、应收管理、采购管理、销售管理、现金管理
张宏	业务主管	公用目录设置、采购管理、销售管理、库存管理、应付管理、应收管理
王晓	仓库管理员	库存管理、公用目录设置

2. 单位信息。

企业名称为"光明股份有限公司"，从 2020 年 1 月起启用畅捷通 T3 企业管理信息化软件处理会计业务。同时启用"总账""核算"和"购销存"系统。企业规模较小，执行"小企业会计制度"，不需要对存货、客户及供应商进行分类。企业的开户行为"工商银行北京分行上地分理处"（银行账号为 321-258）。

3. 设置职员档案如下：

职员名称	所属部门
程果	财务部
黄燕	财务部
蒋建	财务部
张宏	业务部
王晓	业务部
黄华	行政部
王小云	行政部

4. 设置客户档案如下：

客户名称	客户简称	税号
华为股份有限公司	华为公司	21-256
广胜有限责任公司	广胜公司	32-458
强建股份有限公司	强建公司	23-987
宏桥有限责任公司	宏桥公司	11-457

5. 设置供应商档案如下：

供应商名称	供应商简称
当代股份有限公司	当代公司
双安有限责任公司	双安公司
国美股份有限公司	国美公司
英士股份有限公司	英士公司

6. 设置结算方式如下：

结算方式编码	结算方式名称
1	现金结算
2	转账支票
3	银行汇票

7. 设置存货档案如下：

存货名称	计量单位	存货属性
甲材料	千克	外购、生产耗用
乙材料	千克	外购、生产耗用
A产品	台	销售、自制
B产品	台	销售、自制
运费	次	劳务费用

8. 设置仓库档案如下:

仓库名称	所属部门	计价方式
原料库	行政部	先进先出法
成品库	行政部	全月平均法

9. 设置收发类别如下:

类别编码	类别名称	收发标志
1	入库	收
11	采购入库	收
12	产成品入库	收
13	其他入库	收
2	出库	发
21	材料领用出库	发
22	销售出库	发
23	其他出库	发

10. 设置采购类型如下:

采购类型名称	入库类别	是否默认值
材料采购	11采购入库	是

11. 设置销售类型如下:

销售类型名称	出库类别	是否默认值
产品销售	22销售出库	是
材料销售	22销售出库	否

12. 设置凭证类别如下:

记账凭证。

13. 设置总账系统期初余额如下:

单位：元

科目名称	方向	辅助核算	受控系统	期初余额
现金（1001）	借	日记账		20 000
银行存款（1002）	借	日记账，银行账		180 000
应收账款（1131）	借	客户往来	应收	52 206
材料（1211）	借			340 000
库存商品（1243）	借			114 990
固定资产（1501）	借			620 000
累计折旧（1502）	贷			99 844
短期借款（2101）	贷			459 212
应付账款（2121）	贷	供应商往来	应付	88 140
实收资本（或股本）（3101）	贷			680 000

其中，应收账款为 2019 年 12 月 11 日销售给华为公司 A 产品 11 台，每台售价 4 200 元（增值税税率为 13%，发票号为 44-830）的货税款 52 206 元；应付账款为 2019 年 12 月 16 日向当代公司购买甲材料 100 千克，单价 780 元（增值税税率为 13%，发票号为 588-769）的货税款 88 140 元。

其中，存货的期初余额如下：

存货名称	计量单位	数量	单价	金额/元	合计/元	仓库
甲材料	千克	200	700	140 000	340 000	原料库
乙材料	千克	200	1 000	200 000		
A产品	台	30	2 233	66 990	114 990	成品库
B产品	台	40	1 200	48 000		

指定"现金（1001）"科目为现金总账科目，指定"银行存款（1002）"科目为现金总账科目。如不需要出纳签字则不需要指定这两个科目。

（二）2020年1月经济业务

1. 2020 年 1 月 9 日，企业向当代公司订购材料一批。订单信息如下：

供货单位	存货	数量	单价	计划到货日期
当代公司	甲材料	10	800	1 月 12 日
	乙材料	10	1 100	1 月 12 日

2. 2020 年 1 月 10 日，以现金支付业务部办公用品费 1 500 元。

3. 2020 年 1 月 11 日，以转账支票支付行政部的设备修理费 21 200 元。

4. 2020 年 1 月 12 日，收到 2020 年 1 月 9 日向当代公司订购的甲材料和乙材料，验收到"原料库"。检验发票（No.922789，增值税税率为 13%）后当即以转账支票（No.216）支付全部的货税款。

5. 2020 年 1 月 12 日，企业与华为公司达成如下销售协议：

购货单位	存货	数量	报价 / 元	预发货日期
华为公司	A 产品	5	2 100	1 月 15 日
	B 产品	3	1 200	1 月 15 日

6. 2020 年 1 月 15 日，将华为公司订购的 A 产品和 B 产品按订单从"成品库"发货并开具发票。

7. 2020 年 1 月 18 日，收到华为公司购买 A 产品和 B 产品的全部货税款（转账支票 No.118）。

8. 本期产品的入库情况如下：

2020 年 1 月 12 日，成品库完工入库 A 产品 10 台，总成本为 13 300 元。

2020 年 1 月 20 日，成品库完工入库 B 产品 10 台，总成本为 7 900 元。

注意：由购销存各模块生成的凭证要在总账系统审核、出纳签字、记账后才能结账和为报表提供数据。

注：综合实验三的操作结果已经备份至"上机实验备份 / 综合实验三备份"中。

综合实验四

一、实验目的

根据所给实验资料完成全部的基础设置及业务处理。

二、实验资料

（一）企业基本信息

1. 增加操作员并设置权限如下：

操作员编号	操作员姓名	操作员权限	操作员岗位
G01	张实	账套主管	财务主管
G02	何浩	公用目录设置、总账、现金管理、往来、项目管理、采购管理、销售管理、库存管理、核算	总账会计
G03	常清	账套主管	业务会计
G04	康华	总账、现金管理、应收管理、应付管理、采购管理、销售管理	出纳员
G05	赵玲	公用目录设置、应收管理、应付管理、项目管理、采购管理、销售管理、库存管理	业务主管
G06	肖伟	公用目录设置、采购管理	采购核算员
G07	严建	公用目录设置、销售管理	销售核算员
G08	沈成	公用目录设置、库存管理	仓库管理员

2. 建账信息如下：

公司名称	有利有限责任公司	法人代表	成功
公司地址	北京市海淀区学院路92号	邮政编码	100266
联系电话	67946885	企业类型	工业
统一社会信用代码	110146897153701139	行业性质	2007年新会计准则

该公司从2020年1月开始使用会计信息系统进行业务与账务处理，需要对客户、供应商、存货进行分类，无外币核算。

分类编码级次需要修改的项目如下：

科目编码级次	4222	部门编码级次	21
客户分类编码级次	122	供应商分类编码级次	122
存货分类编码级次	112	结算方式编码级次	12

3. 启用系统：总账、购销存及核算系统。

4. 设置部门档案如下：

部门编码	部门名称
01	行政部
011	办公室
012	财务部
02	业务部
021	采购部
022	销售部
023	仓库管理部
024	车间

5. 设置职员档案如下：

职员编号	职员名称	所属部门	职务
01	成功	办公室	法人
02	有才	办公室	主任
03	张实	财务部	财务主管

职员编号	职员名称	所属部门	职务
04	何浩	财务部	总账会计
05	常清	财务部	业务会计
06	康华	财务部	出纳员
07	赵玲	采购部	业务主管
08	肖伟	采购部	采购核算员
09	严建	销售部	销售核算员
10	沈成	仓库管理部	仓库管理员
11	王一	车间	生产工人

6. 设置客户分类如下：

类别编码	类别名称
1	北区
101	北京
102	陕西
2	南区
201	湖南
202	湖北

7. 设置客户档案如下：

客户编码	客户名称	客户简称	所属分类	发展时间	纳税号
K01	北京丰都有限责任公司	丰都	北京	2019.1.15	110365810182900669
K02	西安连成公司	连成	陕西	2019.09.28	610918586662952892
K03	北京新台有限公司	新台	北京	2019.11.4	110625062939650569

8. 设置供应商分类如下：

类别编码	类别名称
1	主料供应商
2	成品供应商
3	其他供应商

9. 设置供应商档案如下：

供应商编码	供应商名称	供应商简称	所属分类	发展时间	银行账号
G001	北京电子设备有限公司	电子设备	主料供应商	2019.05.17	6565010962-1
G002	北京电子元件厂	电子元件	成品供应商	2019.02.09	6565010962-2
G003	北京新城运输公司	新城公司	其他供应商	2019.1.12	6565010962-3

10. 需设置的主要会计科目如下：

科目编码	科目名称	辅助账类型
1001	库存现金	日记账
1002	银行存款	日记账，银行账
100201	工行存款	日记账，银行账
1121	应收票据	客户往来（没有受控系统）
1122	应收账款	客户往来（受控系统为"应收"）
1123	预付账款	供应商往来（受控系统为"应付"）
122301	有才	
2201	应付票据	供应商往来（没有受控系统）
2202	应付账款	供应商往来（受控系统为"应付"）
2203	预收账款	客户往来（受控系统为"应收"）
222101	应交增值税	
22210101	进项税	
22210102	销项税	
222102	未交增值税	
222104	应交所得税	
222105	应交城市维护建设税	
222106	应交教育费附加	
660201	办公费	部门核算
660202	差旅费	部门核算
660203	薪酬	部门核算
660204	折旧费	部门核算
660205	其他	部门核算

11. 指定会计科目："1001 库存现金"为现金总账科目；"1002 银行存款"为银行总账科目。

12. 设置凭证类别如下：

类别名称	限制类型	限制科目
收款凭证	借方必有	1001，1002
付款凭证	贷方必有	1001，1002
转账凭证	凭证必无	1001，1002

13. 设置结算方式如下：

结算方式编码	结算方式名称	是否票据结算
1	现金	否
2	支票	是
201	现金支票	是
202	转账支票	是
3	其他	

14. 设置开户银行信息如下：

编号	开户银行	银行账号	核算币种
1	工商银行海淀支行	6565010962-8	人民币

15. 设置存货分类如下：

类别编码	类别名称
1	原材料
2	库存商品
3	应税劳务

comprehensive综合实验四

16. 设置存货档案如下：

存货编号	存货名称	计量单位	存货分类	存货属性	税率
01	磁头	个	原材料	外购、生产耗用	13%
02	底座	个	原材料	外购、生产耗用	13%
03	盖子	个	原材料	外购、生产耗用	13%
04	感应头	个	原材料	外购、生产耗用	13%
05	打印机	台	库存商品	销售、自制	13%
06	运杂费	次	应税劳务	劳务费用	9%

17. 设置仓库档案如下：

仓库编码	仓库名称	所属部门	计价方式
1	原材料库	仓库管理部	先进先出法
2	产成品库	仓库管理部	全月平均法

18. 选项设置：不允许修改、作废他人填制的凭证；出纳凭证必须经由出纳签字。

19. 录入期初余额如下：

单位：元

会计科目	方向	余额
库存现金	借	1 400
银行存款	借	508 300
工行存款	借	508 300
应收账款	借	11 300
原材料	借	89 000
库存商品	借	200 000
固定资产	借	500 000
应付账款	贷	22 600
应付职工薪酬	贷	150 000
实收资本	贷	1 137 400

20. 录入往来明细资料如下：

会计科目	日期	往来单位	摘要	方向	金额/元
应收账款	2019.12.21	丰都	销售商品款未收	借	11 300

21. 录入往来明细资料如下：

会计科目	日期	往来单位	摘要	方向	金额/元
应付账款	2019.12.30	电子元件	采购材料未付	贷	22 600

22. 期初记账、对账。

应付款期初余额如下：

单据类型	发票号	时间	供应商	存货	数量	单价	税率	金额/元	会计科目
采购专用发票	92526	2019.12.30	电子元件	磁头	80	250	13%	22 600	应付账款

应收款期初余额如下：

单据类型	发票号	时间	客户	存货	数量	单价	税率	金额/元	会计科目
销售专用发票	76292	2019.12.21	丰都	打印机	10	1 000	13%	11 300	应收账款

23. 系统"允许零出库"、不允许修改他人填制的单据。

24. 库存的期初数据如下：

存货编号	存货名称	计量单位	数量	单价	金额/元	仓库
01	磁头	个	200	300.00	60 000	原材料库
02	底座	个	100	80.00	8 000	原材料库
03	盖子	个	200	60.00	12 000	原材料库
04	感应头	个	50	180.00	9 000	原材料库
05	打印机	台	200	1 000.00	200 000	产成品库

25. 企业存货科目为:

仓库名称	存货科目
原材料库	原材料
产成品库	库存商品

26. 企业存货对方科目为:

类别编码	类别名称	存货对方科目
11	采购入库	在途物资
12	产成品入库	生产成本
13	退料入库	原材料
21	销售出库	主营业务成本
22	材料领用出库	生产成本
25	其他出库	管理费用/其他

27. 客户往来科目为:

往来项目	核算科目
应收	应收账款
销售	主营业务收入
销售税金	应交税费——应交增值税（销项税额）
销售退回	主营业务收入
预收	预收账款

28. 客户往来结算方式科目为:

结算方式编码	结算方式名称	核算科目
01	现金	库存现金
02	支票	银行存款——工行存款
0201	现金支票	银行存款——工行存款
0202	转账支票	银行存款——工行存款
03	其他	银行存款——工行存款

29. 供应商往来科目为：

往来项目	核算科目
应付	应付账款
采购	在途物资
采购税金	应交税费——应交增值税（进项税额）
预付	预付账款

30. 供应商往来结算方式科目为：

结算方式编码	结算方式名称	核算科目
01	现金	库存现金
02	支票	银行存款——工行存款
0201	现金支票	银行存款——工行存款
0202	转账支票	银行存款——工行存款
03	其他	银行存款——工行存款

（二）2020年1月经济业务（采购及销售货物均适用13%的增值税税率，运费税税率为9%）

1. 1日，从银行取得短期借款200 000元用于流动资金周转，年利率为6%，借款期为9个月。

2. 1日，财务部康华从银行提取现金10 000元，作为备用金（现金支票号：8210）。

3. 2日，与"电子设备"签订采购意向，购进感应头200个，单价200元/个。

4. 2日，开出转账支票（支票号：2887），向北京电子元件厂支付采购磁头款22 600元。

5. 2日，生产100台打印机，领用4项材料各100个。

6. 4日，向"电子设备"购进感应头200个，单价200元/个，材料已入库，另需支付1 200元运输费，款项尚未结算。

7. 6日，办公室购买办公用品600元，以现金支付。

8. 6日，办公室主任有才出差，预借差旅费2 000元，现金付讫。

9. 8日，按规定上交上月增值税5 600元，城市维护建设税392元，教育费附加168元。转账支票支付（支票号：8310）。

10. 11日，办公室主任有才出差回来报销差旅费1 800元，退回200元。

11. 13日，收到丰都开具一张转账支票（支票号：2979），金额10 000元，偿付前欠货款。

12. 13 日，开出转账支票（支票号：8410）支付广告费 20 000 元。

13. 13 日，收到北京新台有限公司转账支票（支票号：2980）支付款项 200 000 元作为预收款。

14. 20 日，与北京新台有限公司签订销售协议，销售打印机 100 台，每件不含税售价 1 300 元。

15. 28 日，收到北京电子设备公司专用发票一张，发票号为 0025745；新城运输公司运费专用发票一张，发票号为 00345。开出转账支票（支票号：2987、2879）向北京电子设备公司及运输公司支付本月采购款和运费。

16. 28 日，采购部赵玲报销业务招待费 500 元，以现金支付。

17. 28 日，向北京新台有限公司发出打印机 100 台，开出专用发票（0098734）并使用预付账款支付。

18. 28 日，经协商，将北京丰都有限责任公司欠款转到北京新台有限公司名下，由北京新台有限公司余款支付。

19. 30 日，计提短期借款利息 1 000 元。（自定义转账）

20. 31 日，结转期间损益。

21. 31 日，计提所得税。

22. 31 日，编制企业 1 月资产负债表。

23. 31 日，编制企业 1 月利润表。

注：综合实验四的操作结果已经备份至"上机实验备份／综合实验四备份"中。

郑重声明

高等教育出版社依法对本书享有专有出版权。任何未经许可的复制、销售行为均违反《中华人民共和国著作权法》，其行为人将承担相应的民事责任和行政责任；构成犯罪的，将被依法追究刑事责任。为了维护市场秩序，保护读者的合法权益，避免读者误用盗版书造成不良后果，我社将配合行政执法部门和司法机关对违法犯罪的单位和个人进行严厉打击。社会各界人士如发现上述侵权行为，希望及时举报，本社将奖励举报有功人员。

反盗版举报电话　（010）58581999　58582371　58582488
反盗版举报传真　（010）82086060
反盗版举报邮箱　dd@hep.com.cn
通信地址　北京市西城区德外大街4号
　　　　　高等教育出版社法律事务与版权管理部
邮政编码　100120

防伪查询说明

用户购书后刮开封底防伪涂层，利用手机微信等软件扫描二维码，会跳转至防伪查询网页，获得所购图书详细信息。用户也可将防伪二维码下的20位密码按从左到右、从上到下的顺序发送短信至106695881280，免费查询所购图书真伪。

反盗版短信举报

编辑短信"JB，图书名称，出版社，购买地点"发送至10669588128
防伪客服电话
（010）58582300

资源服务提示
产品检索系统

授课教师如需获取本书配套教辅资源，请登录"高等教育出版社产品信息检索系统"（http://xuanshu.hep.com.cn/），搜索本书并下载资源。首次使用本系统的用户，请先注册并进行教师资格认证。

资源服务支持电话：010-58581854　邮箱：songchen@hep.com.cn

高教社高职会计教师交流及资源服务QQ群：708994051